ヤマケイ文庫

残された山靴

Sase Minoru

佐瀬 稔

Yamakei Library

残された山靴

目次

志なかばで逝った8人の登山家の最期

序文　熱い心と冷めた理性

江夏　豊

私が初めて佐瀬さんに会ったのは、昭和五十五年の十二月だった。広島のホテルの喫茶店で、雑誌の取材を受けたときである。佐瀬稔という名前は知っていたが、実際に話をするのは初めてだった。ちょうど私が、広島から日本ハムへトレードに出されたときだったと思う。一時間半くらい話をして、最後に「佐瀬さん、組織って、なんだと思いますか」って聞いたことを覚えている。佐瀬さんは「組織というのは、弱いもの同士がかばいあっているようなものなんだよ」と話された。さらに私の行動は間違ってますかと聞くと、「おおいに結構。やりなさい」と言ってくれた。それがすごくうれしくて、強く印象に残っている。

私は、周囲から一匹狼のように思われ、組織となじまない性格のようにみられている。マスコミがそう書き、ファンもそう期待しているのかもしれない。たしかにそういう資質があることは否定しないが、組織がきらいだということではない。たまたま監督やフロントとうまくいかなかっただけのことである。監督の顔色をうかがいながら、提灯持ちのようなことはできなかっただけだ。思ったことはズバッと言う性格だったし、逆境に立たされると燃えるタイプだった。自分の野球人生が、まさにそうだった。

野球ができると思って中学の野球部に入ったのに、三カ月、グラウンド整備と球拾いばかりさせられたことがある。先輩に野球がしたいと訴えたら、生意気だといって殴られた。子ども心に「野球は実力の世界」という感覚があったので、すぐ退部して、兄の会社の草野球のチームに入れてもらった。

そうした経緯があったので、高校はあまり名門ではない学校の野球部に入った。すぐレギュラーになれて、夏の大会からエース番号をもらうことができた。しかし、二年で準々決勝、三年で準決勝まで進んだものの、甲子園に行くことはできなかった。そのときの悔しさが、忘れられない思い出になっている。私の場合、その悔しさをバネにして、強いものに立ち向かっていくようなところがあった。

だから高校卒業後ドラフト一位で阪神に入団して、V9時代の強い巨人を相手に立ち向かっていけたのだと思う。当時の巨人は常勝で、長嶋さんや王さんが活躍した最後のころだった。なにしろ不利な弱い立場になればなるほど、それに反発するところがあった。怖いもの知らずで、一年目から十二勝、二年目で、二十五勝の最多勝と四百一個の奪三振記録を打ち立てることができた。二十歳のころで、有頂天になっていた。

　しかし三年目のシーズン直前、それまでの疲れがどっと出て、左肩に激痛が走った。肩をかばって肘痛に、さらに盲腸になってしまった。シーズン中には手術をするなと言われて、薬で散らしていたのが、腹膜炎を併発。シーズン終了とともに、福島の病院に入って、結局、三カ月近く入院した。ところが、薬の副作用で一〇キロ太ってしまい、その負担が心臓にきた。胸が締めつけられるように苦しくなる「心室性期外収縮」。試合で投げて結果は出していたが、体調は最悪だった。そこでも逆境に立ち向かうようなところがあって、翌年からはニトログリセリンと酸素ボンベをベンチに用意しながら、マウンドに立っていた。

　投手はよくわがままだと言われることがあるが、投手ほど試合の勝敗を左右するポジションはないと思う。投手は、九十九球パーフェクトでも、最後の一球ですべてが無に帰することがある。なかでも抑えの投手は、一球で試合をぶちこわしかねない。だから投手の一つの勝ち、一つの負けは、そのままチームの一勝一敗に直結する。ところが打者は、ホームランを何本打とうがチームが負けることがある。逆に四打席連続三振しても、五打席目でホームランを打てばヒーローになれることもある。

だから投手のほうが一見わがままそうに見えるが、ほんとうは地道にコツコツ努力していくような性格の人が向いているのかもしれない。私は、どちらかというと一発屋のようなところがあったから、その意味では投手向きではなかったようだ。

昭和四十六年のオールスター戦で、九連続三振を取ったことがある。その年は不振だったが、たまたまファン投票で一位になって出場できた。だからなんとかファンの期待に応えなくてはいけないと思い、初めから九奪三振をねらっていた。まさか連続で取れるとは思わなかったが、オールスターというお祭りでもあったし、運がとてもよかったのだろう。こうした記録を作れるのも、一発屋、一匹狼と言われる所以かもしれない。

佐瀬さんが取材した、ヒマラヤをめざすような登山家も山と対峙して奮い立つようなことがきっとあると思うが、私もリリーフにまわるようになって、そうした場面に直面することが多くなった。特に忘れられないのが、昭和五十四年の日本シリーズである。その前年に、南海から広島に移籍、抑えの切り札になっていた。そして対近鉄の第七戦。一点をリードしていたものの、九回裏無死満塁。絶体絶命のピンチである。

山でいうなら、頂上アタックしたものの、ブリザードに遭って動けなくなってしまったようなものだ。登ることも、下ることもできない。周りは吹雪で何も見えない。まさにそういう危機的状況だったと思う。

私は、もう肉体的にも精神的にも限界にきていた。さらに苦しかったのは、近鉄の選手と戦うだけでなく、味方の監督とも戦わなくてはならなかったことだ。ブルペンで味方投手がウォーミングアップを始めるのが見えたからである。江夏のあとに投手はいないと言っていたのに、なぜ……。腹立たしいし、悔しいし、情けない。あの小さなマウンド上で、自分ながらほんとうによく堪え忍んだと思う。

そして次の勝負球が、私の野球人生を変えたと言っても過言ではないだろう。打てるものなら打ってみろという開き直りのような感じ。ボテボテの内野安打などによる、変な負け方だけはしたくなかった。

そのとき、プロの勝負がどういうものか少し分かったような気がした。真剣勝負のなかで、どこまで自分のピッチングができるかということなのだ。あのスポットライトを浴びたダイヤモンドのなかで、あの大歓声のなかで、納得のいく一球が投げられるか。そこで自分のピッチングができれば、八割、もしくは九割近く抑えられる。そう信じて、自分の一球が投げられるかどうかである。

もちろん、たまには雰囲気に呑まれることもある。しかし、あのとき私は冷静だった。打者の心理を読んで的確な状況判断をしなくてはならない。しかも冷静でありながら、すごく燃えていた。どこかで熱くなりながら、どこかで冷めている。そうしたバランスのなかで、相手を観察し、自分も距離をおいて見る。するととても慎重にならざるを得ない。

登山家たちも、ベテランになって、経験を積めば積むほど慎重になるというではないか。ほとんど死と紙一重の世界で、彼らは冷静に状況判断しなくてはならないはずだ。しかし、冷めてばかりで臆病になっていては登頂できない。時には、熱く一歩を踏み出さなくてはならないこともあるという。死ぬかもしれないのに、それでも登り続けようというその意志は大変なものだと思う。ヒマラヤの、自然の驚異は、人間の想像を超えて計り知れないものであろう。そうした日常の生活では決して味わえないような無償の行為に、佐瀬さんは共感を抱いていたのかもしれない。野球、特に抑えの投手もそれに似た状況に立たされることはあるが、少なくとも死ぬことだけはあり得ない。

結局私は、そのときどきの監督や球団との確執から、阪神、南海、広島、日本ハム、西武と五球団に移り、昭和五十九年に退団した。三十六歳になっていた。佐瀬さんも報知新聞の文化部長を四十一歳で退職し、フリーランスとして自分の人生をやり直そうとされた人である。いつまでも組織のなかで、ぬるま湯のような生活を送っていることを潔しとしなかったのだろう。だから二人の間で共感するものがあったのだ。

退団の翌年、アメリカのミルウォーキー・ブルーワーズのテスト生として二カ月、アリゾナのサンシティでキャンプしていたことがある。そのキャンプに、ボクシングの取材でシカゴまで来ていた佐瀬さんが訪ねてくれた。ほんとうにうれしかった。佐瀬さんは、そのときのことを『プレジデント』昭和六十年六月号に「ローンウルフ江夏豊の51日間の挑戦」というタイトルで記事にしてくれた。少し長くなるが、引用してみたいと思う。

〈江夏豊ほどの大投手の、その投手生命を決める質問に、およそ「大」とは無縁の矮小の身が答えられるはずがない。「僕の話をしてもいいですか」と断って、自分自身がスポーツ新聞の社員を辞め、スポーツとはまったく違う分野でフリーランスの仕事を始めたときの話をした。彼がプロ野球で投げたのとちょうど同じ一八年間をサラリーマンで過ごしたあとのことだ。

「自分が今、新人なのだと考えることはスリリングでいいものでした。どの道を選ぶにしろ、そこで本当に一年生の心になれるかどうかが大事なのではありませんか」〉

最終的にブルーワーズには入れなかった。とてもいい夢を見させてもらったが、それを最後に投手への未練はなくなり、野球解説者の道を選んだ。いわば取材する側として、佐瀬さんと同じ立場に立ったわけだ。その大先輩の佐瀬さんから教えられた、すごく大切にしている戒めがある。それは取材する側として、選手やファンに決して媚を売るような仕事をするなということである。初心を大切にしろと書いてくれた記事とともに、佐瀬さんの遺志として、私の人生の宝物になっている。

第一章　グランド・ジョラス北壁の生と死

森田　勝

1

「行かないよ、ぼくはもうグランド・ジョラスには行かないよ」

シモーヌがやさしくぼくに答える。

「そうですとも。もう、あなたはグランド・ジョラスには行かないわ」

(ルネ・デメゾン『グランド・ジョラスの342時間』＝近藤等訳＝から)


一九七一年二月、フランスのタフなアルピニストであり、ガイドであるルネ・デメゾンは、二十代なかばの若いガイド仲間、セルジュ・グソーとともにグランド・ジョラスのウォーカー・ピーク・ダイレクトルートの冬季初登攀に挑戦した。取り付いて四日目に天候が崩れ、五日目には頂上まであと三〇〇メートルにまで達したが、以後、二人の闘いは見る間に敗色濃厚となっていく。

七日目、セルジュ・グソーの衰弱がはじまり、十二日目、死亡。デメゾンはただ一人、非情の岩壁に取り残される。シャモニでは、二週間たっても帰ってこない二人を、すでに死んだものと諦める人が多かったが、十五日目、ウォーカー・ピークより一〇〇メートル下、頂稜上のギャップにヘリコプターで着陸したガイドが、ウォーカー・ピークからワイヤーを伝わって現場に到着したとき、デメゾンは生きていた。生と死の谷間、それも死の方にずっと近いところをさまよいながら、である。シャモニの病院の医師は、のちに、デメゾンの命はあと数時間で尽きるところだったろう、と診断した。

病室に妻のシモーヌを迎えたデメゾンは、

「もうグランド・ジョラスには行かないよ」

と約束する。だが、デメゾンには、妻がこの言葉を信じるはずはない、とわかっていた。

『グランド・ジョラスの342時間』の中で、彼はこう書いている。

「ぼくは一メートル、一メートルと、すべてを最初からやりなおし、暗礁に砕ける荒波のように、雲と吹雪がぶつかり合う雪庇の上へ出て、山頂を踏まえるのだ。そのとき、はじめて、心のやすらぎは見出せるのだ。そして、なにもかも続けられるのだ。

そのときまでは、トランジットの旅客だ……」

二年後の一九七三年一月、ルネ・デメゾンはミシェル・クラレ、ジョルジョ・ベルトーネとともに二年前と同じの苦闘の末、吹雪のウォーカー・ピークに達した。

一九八〇年二月、四十二歳の森田勝も「トランジットの乗客」だった。

一年前の二月、森田勝はウォーカー側稜を単独で攻撃し、レビュファ・クラックで転落、宙吊りとなり、デメゾン同様、死の直前まで接近してからくも救われた。

それ以後、彼は親しい友人に会うたびに、

「オレ、もう無茶はしないよ。女房と子どものことを考えなけりゃならないものね」

と言っている。

「慎重にやるんだ。家庭ってものがあるんだから……」

とも語った。

「もうグランド・ジョラスには行かないよ」

という嘘を（すぐ嘘とわかる嘘を）語っていたのだった。

一九八〇年二月、彼はグランド・ジョラス・ウォーカー側稜の攻撃に出発し、そして帰ってこなかった。

デメゾンは、ウォーカー・ピークの山頂を踏んだとき、はじめて心のやすらぎを見出せる、と信じてシモーヌに嘘をついたのだが、ひとつの行為が人に完全なやすらぎをもたらす、などということがあろうとは思えない。風雪の合間に、チラチラと見えるやすらぎは、人を行動に駆り立てる動機でしかないのだ。人はそうやって行動を、攻撃を繰り返す。しかし森田は、新しい嘘を語る機会をついに失った。

2

私がシャモニを訪れたのは、森田勝がグランド・ジョラス・ウォーカー側稜で転落死してから四カ月後、一九八〇年の六月はじめである。この年、ヨーロッパ・アルプスは全域にわたって異常天候に襲われ、シャモニの町では軽装のツーリストが寒さに震えていた。

終日、冷たい雨が降り、わずかな晴れ間に姿を見せるシャモニ針峰群は、裾のあたりに粉のような新雪をかぶっていた。エギーユ・デュ・ミディ（三八四二メートル）へ通じるロープウェーは風雪のため閉鎖されている。
雨の午後、モンタンベール行き登山電車の駅の裏手にある墓地を訪ねる。エドワード・ウィンパーはじめ、多くのアルピニストたちが眠っているところだ。

墓地は花に飾られていて、雨が降り続いているというのに不思議なくらい明るい。死者の名と、没年が刻まれているだけの簡素な墓碑がほとんどだが、ひとつひとつが、部厚い書物のように、長い長い物語を語りかけてくる。

リオネル・テレイ、一九二一年―一九六五年。アンナプルナで、モーリス・エルゾーグとルイ・ラシュナルを死地から救った英雄である。彼は一九六一年『les Conquérants de L'Inutile』というベストセラーを書いた。『無償の征服者』のタイトルで日本でも翻訳されたが、アルピニストに限らず、多少でもアルピニズムに関心を持つ人々に大きな影響を与えた。「無用のものを征服した人々」という原題からしてすでに決定的だった。山はまさに無用のものであり、その山を登るという行為ははじめから無用、徒労の営為なのである。

テレイは『無償の征服者』の最後に、

〈あと数日でわたしは四十歳になる。（略）わたしの意志はもうそれほど堅固では

ないし、勇気も減退した。（略）私は山の程度を下げなくてはならないだろう〉（横川文雄・大森久雄訳）

と書いたが、その翌年、ヒマラヤの「恐怖の峰」ジャヌーの登頂に成功した。

人々は、リオネル・テレイこそ不死身の男だと考えていた。六一年、モン・ブランのフレネイ氷河でブロック雪崩に襲われ、クレバスの奥で氷づめとなったときはナイフを振るって血路を開き、五時間の死闘の末に脱出しているし、六四年にはアラスカのハンチントンで死地に陥りながら生還している。訳者の大森久雄氏によれば、このときテレイは妻のマリアンヌに、

「もう大きな、危険の多い山はやらない」

と語っていたという。

そのテレイが翌六五年九月、ヴェルコール山群のジェルビエでパートナーのマルク・マルチネッティとともに墜死した。ジェルビエは最高難度の第六級。「無用の山」は、そうやって、攻撃的な人々に絶え間なく「無用の嘘」を語らせるのだった。

テレイにとって最高のパートナー、ルイ・ラシュナルの墓碑は、小さいが、自然の岩でできていた。

一九五〇年、人類初の八〇〇〇メートル峰「アンナプルナ」の登頂に成功したが、彼の攻撃がもっとも壮烈となるのは、この闘いで凍傷に侵され、両足指を切断したあとである。ラシュナルは全身麻酔を必要とする手術だけでも二十回も受け、切られた跡をじっと何時間も見つめ続ける、という日々を重ねる。その末に、一九五三年、彼は戦線に復帰し、この年、エギーユ・ノワール・ド・プトレイ南稜登攀に成功した。ルイ・ラシュナル、ジェラール・エルゾーグ共著の『若き日の山行』のなかでもっとも感動的なのは、一九五五年八月、アンナプルナの戦友、モーリス・エルゾーグとともに、モンテ・ローザのマリネリ・クーロワールを登る一節だ。エルゾーグは手の指も失っていたが、二人は高さ一八〇〇メートルに及ぶ氷壁を二人だけでついに登りきる。

〈ふたりは、いまや耐え抜いた苦痛と、さらにやりきれない煩悩とを超越したことに思いをいたした。（略）一瞬、ふたりは視線を取り交わした。各自は、相手の短い山ぐつをちらりと見た。ラシュナルは、うれしそうに、にっこり笑った〉（『若き日の山行』近藤等訳）

しかし、この攻撃的な人物に、これで最終的なやすらぎが訪れたわけではない。

一九五五年十一月、ルイ・ラシュナルは、エギーユ・デュ・ミディから烈風のバレ・ブランシュ氷河をモンタンベールまでスキーで滑降中、クレバスに消えた。数えきれないほど滑ったことがあり、知りつくしているはずのバレ・ブランシュで、致命的なアクシデントが突如として起こったのである。ガイドたちによって、クレバスから引き上げられた遺体は、首の骨が折れていた。

雨は絶え間なく降っている。もう少しでみぞれか雪になりそうな、冷たい雨である。墓地の中には、不思議な静けさと明るさが満ちている。

ここでは、生も死も、ごく近いところで仲よくやっているように感じられる……。

3

シャモニに着いて数日待ったあと、多分三日はもつだろう、という好天がやってきた。

シャモニに滞在している若い日本人クライマー二人に同行してもらい、朝一番の登山電車でモンタンベールへ向かう。鉄のハシゴを伝わってメール・ド・グラス

（氷の海）氷河へ下り、すぐスキーをはいた。森田がシャモニに置いて去ったスキーである。気の遠くなるような氷の海を登りはじめる。

左にドリュ、エギーユ・ヴェルト、エギーユ・デュ・モアヌ、右にグラン・シャルモ、グレポン。青空に向かって、矢のような岩峰が連なっている。やがて右からバレ・ブランシュが合流し、さらにジェアン氷河のセラックが正面をはばむ。そして、左へ、レショ氷河に一歩踏み込んだ瞬問、岩と氷の一番奥に、グランド・ジョラスの気品に満ちた姿が現われた。それはあまりにも清らかで気高く、そのために、グラン・シャルモやドリュの垂直の壁が、実は宮殿を守護する将校たちではなかったか、と思わせるほどだ。

アルプスの北の壁には、輝かしい陽光は射さない。オーストリアのトニー・ヒーベラーはマッターホルンの北壁を「マッターホルンの暗い壁」と書いた。アイガーの北壁も、威圧的な暗さでツーリストたちをおびやかしている。（私はグリンデルワルトに五日滞在し、最後の五日目にようやく二十分間だけ面会を許された）。

グランド・ジョラスの北壁に陽が射すのは、夕暮れどきの残照だけである。今、目前に迫りつつあるそれは、氷河の尽きるところ、針峰群の奥深く、白と黒の二色でシーンと静まり返っていた。にもかかわらず、暗さがないのはなぜだろう。

ガストン・レビュファは『星と嵐――六つの北壁登行』（近藤等訳）の中でこう書いた。

〈グランド・ジョラスの北壁？　それは困難だが、実に美しい。（略）エッフェル塔を四つ重ねたように高い。灰褐色の花崗岩の塔！　骨組みはがっしりしていて、肉づきもよいが、いまにも飛躍しようとする勢がある。頂稜は空と境界をなしている。彼女は生きているのだ。衰頽し、崩壊する、擦り切れ、消滅し、生気のなくなった岩ではない。否、彼女はレショ氷河の下の、熱い生きた惑星の中に根を深く張り、そこからほとばしりでているのだ〉

レショ氷河から北壁に対すると、まず左はジロンデル山稜が美しく落ち込んでいる。左からウォーカー・ピーク、ウィンパー・ピーク、クロ・ピークと続く長い頂稜を力強く支えているのがウォーカー側稜、ウィンパー稜、中央バットレスだ。建築家にため息をつかせるような、みごとな気品と風格である。それは危険であると同時にきわめて安定しており、神が刻んだ純潔と高貴のモニュメントと見えた。

氷河の右岸を一〇〇メートルほど直登してレショ小屋に入る。北壁登攀の基地であるこの小屋は、六人ずつ寝られる板敷が二段あるだけの、粗末な避難小屋だ。窓際に細長いテーブルがあって、板敷との間は体を斜めにしなければ歩けない。

しかし、外のテラスに出れば、眼前にあるのは豪華で神々しい岩と氷雪の世界である。

西に雲が湧き、この日は残照はなかったが、光とも見えない光が満ちていて、グランド・ジョラスはいつまでも暮れようとしなかった。

森田勝は、四カ月前、このテラスに立って、ウォーカー側稜に激しい視線を投げていたはずだ。一年前、レビュファ・クラックから叩き落とされて死の一歩手前まで近づいたあと、

「もうグランド・ジョラスには行かないよ」

と誰かに向かってつぶやいた男が、である。

「彼はなぜまた来たのだろう。彼にとって、一年前に、もはや意味を失ったはずのこのウォーカー稜に……」

しんしんと明るい宮殿の前で、何度も何度も同じことを考える――。

4

一九七八年夏、加藤滝男はマッターホルンのヘルンリ小屋で、森田勝と出会った。加藤はアイガー北壁直登ルートの開拓者としてヨーロッパのアルピニストの間で名を知られ、外国人ではじめて、スイスのガイド試験に合格し、その仲間入りを許された人物である。スイス人の娘と結婚してジュネーブに住み、時計店に勤務するかたわら、客を案内してアルプスを登っている。

同じように日本から客を連れた森田は、夕暮れのひととき、加藤に声をかけてきた。とくに親交があるわけではないが、互いにその存在は知っている。

「彼は一人で、長谷川恒男君のことを話しはじめましたよ」

ジュネーブで会った加藤は、ポツリポツリと語りはじめた。寡黙で、どちらかといえば人見知りをする加藤は、当然だが他人のことはあまり話したがらない。

「長谷川君は、グランド・ジョラスのウォーカー側稜単独登攀をこの冬やるが、それに日本人のガイドが何人か協力する。プロがなぜプロの手伝いをするのか、としきりに憤慨していましたね。広告代理店がバックアップし、ヘリコプターや人をたくさん使った大がかりなやり方も気に入らないようだった。

そういう話を、私はただ黙って聞いていました。ガイドという職業について、私は別の考え方を持っていますしね。

一言でいえば、森田という人は何かにひどく焦っていたのではないでしょうか。私に言わせれば、あれは愚痴じゃなかったかと思いますが……」

加藤が森田に会ったのは、それが最後だった。

四カ月前、彼は勤務先の時計店に出勤して、何気なく開いた新聞で森田の死を知る。数行のベタ記事を読んで、

「ああ、やっぱり死んだか」

と、ちょっとの間感じただけだった。

彼は楽天家でもなければ、特にペシミストというわけでもない。ただ、アルピニストというのは、結局そんなふうに死ぬものだ、という心の準備が、ふだんからできてしまっているからでしょう――。加藤は、ナイフとフォークを使う手を一度だけ止めて、そう言った。

加藤は「焦り」と言ったが、一九七九年、森田勝がウォーカー側稜の攻撃に突っ

込んで行った動機は、いうまでもなく、長谷川恒男という人物の存在にある。すでにアイガー、マッターホルンの北壁の冬季単独登攀をやっている長谷川が、三つめのウォーカー側稜も登り切れば、ヒマラヤでの記録は別として、日本のクライマーとしては当分の間、成功者の椅子を楽しむことができる。

「あいつにそんなことやらせられるかよ。あんな若造によ」

何人かの人々が、森田のそうした言葉を聞いている。そのうちのまた何人かは、森田と長谷川という、およそタイプの違う二人のクライマーの間に、過去、何かがあったらしいということに気づいていた。

一九七九年冬、長谷川は撮影隊や多くのサポート隊といっしょにシャモニで装備を整えた。映画の中で欠かせない登場人物の一人として、長谷川の妻、満子も同行してきている。

森田には、シャモニに滞在している日本人クライマーのうち、

「あの男にはぜひ手伝ってもらおう」

と、あてにしていた若くてタフな男がいた。

だが、会ってみるとその青年は、

「実は、長谷川さんの方に頼まれちまってるんで……」

と、すまなさそうに目を伏せた。何しろ、向こうは早くから準備を進めていたのに、一人っきりの森田の方はそれどころではなかったのだ。グランド・ジョラスを登ったところで、それがカネになるというあてがあったわけでもない。

仕方なしに、森田は、エギーユ・デュ・ミディからスキーでバレ・ブランシュを下る苦しいルートで、レショ小屋やウォーカー側稜への荷上げを一人でやった。長谷川隊がチャーターしたヘリコプターの爆音を聞きながら、である。

森田は、長谷川より一週間早い二月十八日、登攀を開始。単独では早過ぎるくらいのスピードで、その日の昼過ぎ、レビュファ・クラックにかかったが、そこで転落した。アクシデントが起こったのが午後一時ごろで、宙吊りのまま意識を回復したのは五時ごろ。あとでわかったのだが、意識を失っている間、苦痛のために錯乱状態となり、ナイフで自らの体を数カ所傷つけたりしていた。

この転落地点から、ザイルやザックを確保してあった地点までの約二五メートルほどの登攀こそ、クライマー森田にとって生涯かけた壮烈の闘いであったと思われる。ピッケルもアイゼンもユマールもない。手袋も吹っ飛んでしまっている。左足骨折、ろっ骨はじめ全身強打の打撲。左手指は凍傷で使いものにならない。ユマールの代わりにザイルをプルージック結びにして必死にずり上がった。結び目が固くなって解けない。森田はそれを歯を使って解いた。

救助されたのは転落から二日後の二十日午後四時。そのままシャモニの病院に収容される。死との闘いで森田は堂々の勝利を収めたが、長谷川とそれをバックアップする組織や資金力に対する一人だけの抵抗という闘いにおいては完敗である。

数日後、シャモニのスポーツ店「シャム・スポーツ」で働く日本人のクライマー、斎藤和英に病院から電話が入る。斎藤は在住八年。この町に滞在する若い日本人のクライマーたちの相談相手であり、連絡役だ。

「森田が病院から脱走した。ムッシュー・サイトウが彼を見つけてくれなかったら警察に捜索してもらう」

と電話はいう。

斎藤はすぐ、店から歩いて六分ほどのパッサージ・ド・ラ・ヴァルロープのアパートへ走った。日本人クライマーが集まって、共同炊事をしている部屋で、登山電車の踏切りそばにあるところから「踏切り小屋」と呼ばれているたまり場だ。

案の定、森田はそこで毛布をかぶって寝ていた。

「森田さん、駄目じゃないですか。ぼくはもう知りませんよ」

斎藤は思わず語気が強くなる。森田は恥ずかしそうに笑い、毛布で顔を隠してしまった。

森田はその踏切り小屋からも脱走する。知らせを聞いた斎藤は、今度はカネのないイギリス、フランスの若いクライマーたちのたまり場「ナシオナル」へ走った。小さな居酒屋兼レストランだ。

森田は「ナシオナル」のバーのカウンターで、ソフト・ドリンクを飲んでいた。その後ろ姿を見たとき、斎藤はとっさに、

「しまった、あんな強いことを言って……」

と後悔した。それは、どうあっても言葉のかけようのない寂寥の姿だった。——斎藤はそう回想している。

そのころ、長谷川は三カ所からのカメラの望遠レンズとトランシーバー、それに岩壁に思い切り接近するヘリコプターに守られて、ウォーカー側稜を登りつつあった。近づいたヘリのカメラに、ビールが飲みたいよ、などというジェスチュアも

やってみせている。

長谷川に完敗した森田にとって、もうグランド・ジョラスに意味はないはずだった。にもかかわらず、一九八〇年二月、突然、シャモニにやってきたのを見て、日本人クライマーたちは、

「いったい、なぜ？」

と考え込んだ。その疑問は、森田が死んで四カ月たったあとも、解決されていないようだった。

踏切り小屋に集まる若者たちのうちの一人は、不用意にこんな言葉をもらしている。

「もしかしたら、森田さんは死に場所を探していたんじゃないでしょうか」

斎藤は「そんなバカな！」と一言で否定した。

だが、東京に帰って、その言葉を森田とごく親しい人物に伝えたとき、彼は数秒間絶句した。あるいは、何か思い当たるふしでもあったのだろうか。

グランド・ジョラスの高貴な岩壁は、人間の生と死のことを、低い声で語りかけてくるように思われる……。

第二章　エベレストの雪煙に消えた山の貴公子

加藤保男

1

二年ほど前、世界初の八〇〇〇メートル峰十四座完登者、ラインホルト・メスナーにインタビューしたとき、こんなやりとりを交わしたことがある。

——アルピニストはアルピニストであることをやめないかぎり、山中で最期を迎えるのではありませんか。あるいは、八〇〇〇メートルの高さにおいては、死は偶然ではなくて必然であり、生こそが偶然ではないのですか。

「死に関して、私は三つのことを言いたい。第一に、死の危険のないところには行きません。第二に、あなたの言うような、生が偶然でしかないようなところにも行かない。第三、いかに死の危険があろうとも、生き残れる可能性のある場所にだけ行く。私の冒険を貫いているのは、ありうるかもしれない死に直面し、対抗して生きていく、という考えです」

——そうすることによって、生をはっきり凝視できる？

「私は生きたい。誰よりも、生きることが好きだと思います。ですから、死に直面したときに、生命を非常に凝縮したかたちで味わうことができる。死ぬかもしれない危険を冒して生き延びる、それが私の冒険のベースにある。それはアートであると思うのです」

——著書のなかで、自分の「遺体」を見た経験を書いていらっしゃいます。

「初めてナンガ・パルバットに行ったときのことですね。死んでもおかしくない状態に陥ったとき、私は高い位置から自分の遺体を見ていた。そのとき、死ぬのはとても簡単なことだった。すごく難しかったのは、自分の体にもう一度戻っていくことでした」

——そういう経験をして、山へ行くのをやめてしまう人がいる。

「多分、登山以外のこと、たとえば仕事や家庭、あるいは経済的なこと、それらを考えてやめるのでしょうが、ほんとうのところは、山をそれほど好きではなかったのではないでしょうか。山は麻薬といっしょで、中毒になってしまう感じがあります」

——そうなると、アルピニズムは気晴らし、楽しみという、言葉本来の意味におけるスポーツではなくなってくるのではありませんか。

「アルピニズムはスポーツの埒《らち》外にあります。とくに私の登山はそうです。まったく別物だと思う。スポーツよりは芸術に近い。自分を表現する、自分の意識下をより深くみつめる、という意味において、画家がある意思を画布に描くのと同じことだ、と。登山史上でもっとも偉大な人は、たくさん登頂したとか、誰よりも早く登ったとかいうことではなくて、人間としていかに自分を表現したかにかかっている、と思います」

——では、あなたにとってもっとも偉大な登山家は？

「偉大というより、もっとも好きな登山家はパウロ・プロイスです」（オーストリア人。一八八六年—一九一三年。始まったばかりのハーケンを使った登攀を拒否。器具を使わず、アルプスで多くの単独初登攀の記録を残した）

——なぜ？

「自然に対する考え方に共感を持つのです。頭の空っぽなクライマーではなかった。ただ、彼はひとつだけ、大きな過ちを犯した」

——なんですか？

「二十七歳で死んでしまったことです」（単独登攀中に墜死）

加藤保男が人々の視界の外に歩み去っていったのは、彼が三十三歳のときだった。

2

加藤保男は一九四九年三月六日、埼玉県大宮市で生まれた。女三人、男二人の五人兄妹の四番目、次男である。山というなのつくものに初めて出かけたのは、小学校五年生のとき、父親に連れられて長男・滝男、姉・智美といっしょに登った妙義山だった。滝男はこれを機に山にのめり込んでいき、一九六五年、今井通子、毛束武夫、新倉寿行らとともに「JECC」（ジャパン・エキスパート・クライマーズ・クラブ）を結成する。

滝男は大宮に登山・スキー用具専門店を開き、そこにJECCの事務所を構えた。仲間たちは議論が沸騰するまま事務所から加藤宅に流れていき、語り続けて泊り込んでいくこともしばしばだった。弟・保男にとって先鋭クライマーたちの姿は幼いころからごく見慣れたものであり、みずから求めて非日常の生死の境に踏み込んでいく彼らの行動を、むしろ日常の風景と眺めて成長した。

高校三年のとき、滝男の仲間に誘われてJECCの北アルプス夏合宿に参加。いきなり前穂高岳北尾根四峰明大ルートを登りきる。同じ年の十一月にもクライマーたちに連れられて岩を登り、あとになってそれが「槍ガ岳東稜積雪期第四登」という大登攀だったことを知らされた。

母親の加藤ハナが書いている。

〈私にはそれがどれほどの値打ちがあるかということより『大変な山行だった』ことを、あとになって滝男の仲間の人たちから知らされて、背筋の凍る思いでした。滝男の山行はもうあきらめていました。しかし、あの子まで山に取られてはたまりません……〉（加藤ハナ『エベレストに消えた息子よ』）

敗戦直後、東京の闇市でゴム長靴などを仕入れ、ハナの実家のある伊豆に運んで塩や魚と交換し、それを大宮で売りさばく、という仕事から始め、やがて弁当屋、浦和競馬場内での食堂経営など、身を粉にして働き続けた夫婦だったが、ようやく生活が安定してきたころ、息子たちは次々に山に「取られて」いったのだった。

保男の登山活動は日大文理学部体育学科に進んでから本格化し、ＪＥＣＣに入会。三年のとき、滝男を隊長とし、今井通子、天野博文、久保進、根岸知、原勇をメンバーとする隊に加わってアイガー北壁直登を達成する。このとき、まだ二十歳。翌年は滝男とザイルを組んでヴェッターホルン北壁直登、その翌年は斎藤和英、宮崎秀夫とともにグランド・ジョラス北壁。大倉大八、小宮山哲雄とマッターホルン北壁。鈴木勝、中野融とブレチエール北西稜を初完登。きらびやかの一語につきるキャリアを積んだ。

それより以前の名クライマーとうたわれた人々は、いずれも相応の「下積み修業時代」を経験している。そんななかの一人、三七年生まれの森田勝は、五九年、緑山岳会に入会した。当時のリーダーで森田のよき理解者の一人、大野栄三郎の回想。「入会したばかりのころは弱かった。初めての夏山剣合宿でバテて、それで会のなかで一躍有名になったくらいだった」

また森田より十年遅く、四七年に生まれた長谷川恒男は、当時、東京近辺に住んで岩登りを志した少年たちのほとんどがそうだったように、丹沢通いから始めた。残酷なまでの競争にさらされる団塊の世代であり、学校や勤務した工場では不可能な自己表現を求めるように、丹沢から谷川岳に突っ込んでいった。

山田昇は長谷川より三年遅い五〇年生まれ。朝鮮から引き揚げて赤城山麓に入植した開拓農家の子である。沼田高校に進んで山岳部に入り、利根川源流などで山歩きの手ほどきを受けた。
いずれも、谷川岳や穂高のバリエーション・ルートにたどりつくまでに、沢歩きでズブ濡れになったり、草いきれの尾根道で気の遠くなるような経験を積んだ。

しかし、加藤保男は違った。山に向かって目が開いたとき、目前にはすでに加藤滝男ら時代をリードする最先鋭のグループがいて、ごく自然にそのなかに招き入れられていった。岩壁を知ってわずか四年目で、アイガー北壁ダイレクトという、世界中の一流クライマーが功名心をたぎらすルートを完登している。

いうまでもなく、保男にはそういうことを可能にするクライマーとしての天与の資質が備わっていた。垂直・高所における無類の強さ、勇気、困難の前で挫けることのない意志力もあった。でなければ、手だれぞろいのJECCが迎え入れるはずがない。滝男の弟というだけでは絶対に不可能なことだ。しかし、資質といい環境といい、彼は間違いなく、早熟の「選ばれた登攀者」だった。

3

JECCが結成されて二年ほどたったころ、第二次RCC（ロック・クライミング・クラブ）にヒマラヤ委員会が生まれた。委員長は日本のトップ・クライマーを集めた第二次RCCを構想、創設した奥山章、事務局長は愛知学院大学助教授・湯浅道男。日本登山界の「正統」を自任する大学山岳部中心の日本山岳会から「街の山岳会」と呼ばれ、とかく下に見られていたアウトサイダー・クライマー集団が、それに対抗して初めてヒマラヤ、しかもエベレストをめざしたのである。日本山岳会が送る遠征隊は「国家的壮挙」になるが、氏も素性もさだかではない街の山岳会が大規模な隊に結集した前例はない。湯浅らはエベレスト登山許可の取得や資金集めに懸命に奔走する一方、既成の体制内ではとうてい求めることのできない人材を日本中から募った。いわば、クライマーの「ジャパン・オールスター・チーム」編成である。

掲げた目標は①南壁の初登攀、②南壁からの下降、③「秋季」初登頂の三つ。①、②こそは日本山岳会隊には不可能な、第二次RCC固有のターゲットだが、同時に、困難な壁の登攀に失敗した場合、スポンサー筋への配慮として、誰も登ったことのない「秋」の初登頂という「保険」をかけたということだ。

このオールスター・チームの一員に加藤保男が選ばれた。森田も長谷川も加えられた。長谷川はエベレストに行きたい一心で、中学を卒業してからずっと勤めていた会社を辞めた。総勢四十八人。保男はチーム最年少。日本がヒマラヤに送り出す最大規模の隊であり、しかも「ワン・フォア・オール」をもって倫理とする大学山岳部の序列とはいっさい無関係の、一人ひとりが「われこそは南壁の初登攀を……」と功名心を燃やす特異な集団ができあがった。

七三年四月、上田富雄を隊長とし、森田、長谷川らを隊員とする先発隊四人がカトマンズ入り。九月二十九日、南壁中央部の八〇〇〇メートル地点に第五キャンプが設営される。南壁登攀がまさに最終段階に入ろうとした十月一日、天候が激変し、猛烈な突風、吹雪、気温の急速な低下に襲われる。五、六、七日は晴れたが八日からまた崩れ、十二日にはシェルパの一人が雪崩に襲われて死亡。

時間切れは目前に迫っている。登攀隊長の湯浅は苦慮した末に、

①南壁と並行して東南稜にも、登頂とサポートを目的とする隊を送る。

②南壁要員はリーダー森田ら五人。東南稜はリーダー田中壮信ら隊員十人。

と発表した。

隊員たちの多くは「東南稜（日本山岳会隊も登った一般ルート）から登頂してなんになる。南壁こそは第二次ＲＣＣ隊の狙うべきターゲットだ」と強く主張していたのだが、湯浅にしてみれば、ほぼ絶望的となった南壁に固執するわけにはいかなかった。なんらかの「成果」なしに手ぶらで帰っては、スポンサーたちに対する責任が果たせないのだ。

発表を聞いた隊員たちの間には、湯浅の真意が伝わる。「南壁隊は隊の面目を保つための捨て石になる。真の目標は今や〝秋季初登頂〟に切り替わった」と悟った。あとの話になるが、南壁に挑んだ森田らは誰もが予想したとおり、頂上に達することはできなかった。

ヒマラヤ三度目の石黒久とともに、ヒマラヤ初経験の加藤保男が東南稜隊の登頂要員に指名される。彼はここでもまた「選ばれ」た。長谷川は登頂隊員のためのサポート要員。

その後も荒天が続く。登頂も南壁ももはや断念するほかないのではないか、という絶望的な見通しが隊員たちの間に広がったころ、加藤は、東南稜隊のリーダー田中に「自分一人だけでも行かせてほしい。隊の規律に反するのなら、ぼくを隊から外してくれてもいい」と激しく訴えた。挫折を知らずにここまできた誇り高い青年にとって、敗退を受け入れることは絶対にできなかったのだった。

二十三日、天候が回復。第二キャンプで体力を温存していた加藤、石黒は二十五日、長谷川らのサポートを受けてサウス・コルの最終キャンプに入り、二十六日午前七時半、頂上に向かう。八七〇〇メートルの南峰に着いたところで、新しい酸素ボンベに切り替えた。加藤は、二〇〇気圧入っているはずの自分のボンベに、どこでどういう手違いがあったのか、わずか五〇気圧しか入っていないのを発見して愕然とした。のちに、

「それまで、酸素ボンベなんかほとんど使ったことがなかったものだから、経験不足によるミスをやってしまった」

と語ったが、もはや取り返しはつかない。酸素が途中で切れるのを覚悟して行動を続ける。頂上直下、加藤がしきりに苦痛を訴えるので石黒が調べてみると、今度は吸入マスクのホースの中が凍結している。それに気がつかず、苦しんでいたの

だった。

午後四時半、登頂。登攀者、加藤保男が二十四歳の若さで手にした勲章だった。直後、生死の境界線上での彷徨が始まる。

加藤はこう語っている。

〈ぼくの方の酸素ボンベは頂上に着いたときに空になっており、石黒さんの方は百二十気圧に減っていた。石黒さんの酸素を少し吸わせてもらうと、目の前がパーッと明るくなってきた。登頂が遅かったので、あたりが暗くなっているものとばかり思っていたが、何のことはない、すでに視力に影響が出ていたのだ。頂上に着いて約三十分後に下りだす。頭は朦朧としていた。『やっちゃん、ボンベ、空なんじゃないの、捨てた方がいいよ』石黒さんから注意されて初めて気がついた…〉

(加藤保男『雪煙をめざして』)

南稜のピークに戻ったとき、もうライトなしでは歩けないくらい暗くなっていたが、加藤はポケット・ライトしか持ってきていない。石黒はライトを取り出そうとして落としてしまう。

〈酸素を吸っている者とそうでない者とでは、まるでスピードも視力もちがい、次第に石黒さんのスピードについていけなくなる。何とか近づこうとするが心臓が痛いほど苦しく、追いつくと同時に雪面に顔を埋めて体全体で息をする。ふっとわれに返ると、側に石黒さんの姿がなく、ずっと先でライトの小さな光が上を見上げて待っている。（中略）どれくらいの距離を、どれくらいの時間をかけて下りたのかまったくわからない。気がつくとぼくが石黒さんの前を歩いている……〉（同）

二人は八六五〇メートルと思われる地点でビバークを決意する。こんな高所でビバークした事例は「エベレストからの生還者」のなかにはいない。気温はマイナス四十五度。石黒がシートを取り出したが風で吹き飛ばされる。眠ったら間違いなく死ぬ。一睡もしないで過ごし、明るくなったとき、ルートを間違え、チベット側に下りていたことがわかった。あらためて下り出す。二人は何度も何度も幻覚に襲われた。

長谷川は前日、二人を出迎えるため、八四〇〇メートルまで登ったが会うことができず、強風、真っ暗闇のなかを引き返した。二人のために酸素をとっておき、自分は酸素なしで眠ることにしたが、ひっきりなしに幻覚に悩まされてこれもまたほとんど眠らなかった。

朝、七時半、長谷川は酸素と紅茶を持ってサウス・コルを出発。頂上へのルートを再び登る。十時半ごろ、八三五〇メートルあたりで、半ば朦朧として下りてくる石黒と出会う。同行していたシェルパをつけて下らせ、自分はなおも登る。ルートから五〇メートルほど離れた岩の上に呆然と座り込んでいる加藤を発見した。あるいは、メスナーと同じように自分の「遺体」を眺めていたのかもしれない。酸素を吸わせ、紅茶を飲ませ、持っていた細引をすべて使って二人の体を結び、必死にサウス・コルまで連れ戻した。

奮迅の働きで二人の命を救った長谷川は、このエベレスト遠征ののち組織登山から離れ、アルプスの三大北壁冬季単独初登頂に代表されるような、単独登攀の道を選択する。

もう一人。森田勝。彼について、加藤がこう書いている。

〈エベレスト南西壁では森田さんは『下りのことを考えていては成功しない。登りのことだけを考え、登ったらあとはサウス・コル経由で気力で下りてくる以外ないんだ』とさかんに強調していた。まったく同感だった。下りが完全に保障されないかぎり登るべきではないという人もいたが、しかし、こと南西壁に関してはそんな

甘っちょろい考えでは登れるはずがない。イチかバチかの賭だ、と言って二人で意気投合したものだ。（略）

冬のグランド・ジョラスの単独登攀を狙っていたときも、よく会って話した。なぜか弱気になっていて、おれはこれで死ぬかもしれないと言っていた。なぜそれまでしてと思ったが、とにかくどういうものか長谷川恒男さんにライバル意識を強く持っていて、彼の前にグランド・ジョラスを登らねばならない、と言っていた。森田さんはそれを実行し、そして墜死し、短い一生を終えたのだった。エベレスト以前は牙が抜けていた感じだったが、あのままでいたら山で死ぬことはなかったろうに、と思う……〉（『雪煙をめざして』）

そして加藤自身、凍傷のため、両足指をすべて切断。二八センチあった足が、右は一九センチ、左が二〇センチになった。これは四級身体障害者に認定されるという。「選ばれた登攀者」は以後、自らの決意において断固として行動を続行するという意味で、おのれの運命を「選ぶ登攀者」となる。

4

兄のあとについて楽しげに岩と氷の世界に進み出て行った弟に、エベレスト遠征以後、凄絶の気が満ちた。八カ月余りの入院生活のあと、七五年五月、早くも立山に登る。足の先にあてがったガーゼは、破れた傷口からの出血ですぐびしょ濡れになった。いささかも沮喪することなくヨーロッパ・アルプスに行き、石黒とザイルを組んでマッターホルンのヘルンリ稜を登攀。車でシルクロードを経てカトマンズにいたり、翌七六年、日印合同隊に加わってガルワール・ヒマラヤのナンダ・デヴィに登頂。七八年、すでに二十九歳になっていた。何かを思いつめたように行動を続行する。清水清二と二人でアルパイン・スタイルによるマナスルをめざしたが、初の敗退。

八〇年、日本山岳会隊に参加。チョモランマ（エベレスト）を中国側ルートからめざす。北東稜隊リーダーとして、最後は単独で登頂に成功した。二シーズン、二ルートからエベレストの頂に立った世界で初めてのアルピニストとなる。このときも、頂上直下、しかも単独でビバークした。眠り込まないよう、夜半までひたすら雪洞を掘り、何もすることがなくなるとカメラを磨いた。夜を徹してみつめていたのは生か、それとも死か、さだかではない。登頂の途中、転落死した中国隊員の遺体を見た。同じとき、北壁を登っていた第一次アタック隊の宇部明が雪崩で行方不明になったという知らせをトランシーバーを通じて知る。死がひしひしとアルピニストの身辺に迫ってきていた。

加藤は足早に進んでいく。八一年、自らが隊長となり、尾崎隆、富田雅昭との三人パーティで再びマナスルに挑み、北東稜から無酸素で頂上に達した。翌年、今度は七人の隊（ほかにカメラマン、記者各一人）を編成して東南稜からの厳冬期エベレスト登頂を計画する。それまで、この地上最高の高みに三度立ったのはシェルパのスンダレ一人がいただけ。プレ（春）、ポスト（秋）モンスーン、厳冬期という三つの時期に頂上を極めた者はいなかった。激烈きわまる「表現」への欲求。行動。

十二月二十三日午前三時四十分、加藤は単独でサウス・コル直下の最終キャンプを出発したが、同九時半、惨憺たる姿で戻ってきた。片方のアイゼンが脱げ落ちたため氷壁の登攀を断念。強風のなか、命からがら退却したのだ。

二十七日、小林利明との二人で再度アタックする。午前九時過ぎ、第二キャンプと無線で交信。八四〇〇メートル地点に到達したと告げる。十一時十五分、再び交信。「八五〇〇メートルの少し下に遺体が見える」と知らせた。のち、これは七九年に登頂後遭難死した西ドイツ隊員のものとわかる。

午後二時、南峰に到達と連絡。以後、交信がとだえたが、午後七時五十分、突然、無線機が鳴り出す。

「三時五十五分、頂上に立ちました」と加藤の声。現在地は南峰のピークで、これからツエルトをかぶりビバークするという。三度目のエベレストで三度目のビバーク。生死の境界線上、しかも厳冬期の夜。「酸素は切れているが大丈夫」と加藤は元気な声で語り、翌朝七時、交信することにして無線を切った。

夜半、天候が急変し、第二キャンプのテントが突風で吹き飛ばされた。二十八日朝七時、交信なし。第二キャンプが必死に呼んだが応答なし。二十九日夜、隊は二人の生存の可能性なしと判断した。

森田勝は七九年二月、アルプス三大北壁冬季単独初登攀の完成をめざす長谷川恒男よりひと足早く、グランド・ジョラスのウォーカー側稜を登り始めたが、レビュファ・クラックで転落、重傷を負い、フランス陸軍山岳警備隊のヘリコプターで救出され、シャモニの病院に収容された。そのあと、長谷川はウォーカー側稜の完登に成功。はなばなしい名声をかちえた。加藤によれば、「牙」が抜けることを拒否した森田は翌年二月、若いパートナー一人を伴って再び北壁に挑み、転落死。八九年二月、世界で三人目の八〇〇〇メートル峰十四座完登まであと五座と迫っていた山田昇は、マッキンリーの五二〇〇メートル地点でパートナー二人とともに遺体となって発見された。

長谷川恒男は九〇年十月、未踏峰ウルタル2峰を狙って敗退したあと、翌年十月、再度登頂を試みたが、五三〇〇メートルあたりでパートナー一人とともに雪崩に遭い、約一三〇〇メートルを叩き落とされて死亡。

加藤が三度目のエベレスト行きの直前に出した著書『雪煙をめざして』のあとがきの中でこう書いている。

〈アルプスの三大北壁を登ったあとでも、人に紹介されるときはいつも『加藤滝男さんの弟です』で終わり、ぼくの名前すらろくに口にしてくれず、ようやく独立した存在として認められるようになったのは、エベレスト登頂後のことである。しかし今では、滝男が『加藤保男さんのお兄さんです』と紹介されるようになった。（こう書いているだけで顔がほころんでくる。それにしても、なぜ兄にこうライバル意識をもつのかよくわからない）ぼくは現在、三度目のエベレスト登頂を、冬季、単独でめざし、目下その準備で大わらわである。『果たして大丈夫だろうか。寒気は、風は、雪崩は……。意識が朦朧とし、気づいたときには進退きわまっているのではないだろうか……。いや、何が何でも帰ってくる。絶対山では死なないぞ！』一人になると、ぼくはいつも頭の中で、そんな独り言を言っている。成功を優先させれば生命が危ない。生命を大事に考えれば成功はおぼつかない……〉

ラインホルト・メスナーは生き延びた。冒頭に紹介したインタビューで、そのときちょうど五十歳だった彼はこう語った。

「エベレストにまた登ろうとは多分思わないだろう。私はもう歳をとり過ぎた。偉大な登山家にはなりたくない。年老いた賢者と呼ばれるようになりたい。危険を冒し、また危険を冒し、最後に倒れてしまうことはしたくない……」

もう一人、加藤滝男。森田がグランド・ジョラスで命を落としたとき、ジュネーブの勤務先でこう言った。

「山で死ぬことですか。ぼくは、誰が死んでも『ああ、やっぱりね』という感想しかありませんね。ロープ使って岩登りをやっているかぎり、死は背中合わせにくっついているものです。登山家の死に『まさか』はない。たとえぼくの弟であっても……」

八二年以降、多くの登山家がエベレスト東南稜を行き来したが、加藤保男、小林利明両名の姿を見た者はいない。

第三章　時代を超えた冒険家

植村直己

1

昭和五十九年一月二十六日、東京・板橋区前野町の自宅に電話がかかってきた。妻が夫にたずねる。

――今、どこにいるの？

「アラスカのタルキートナだよ。これから出かけるんだ」

――出かけるって、どこに？

「……」

――山に登るんでしょう。

「エヘヘ……」

――いつごろ帰るの。

「二月末になれば……。すぐ帰るよ」

それっきり、夫は妻の待つ家に帰ってこなかった。電話をしたその日、植村直己はタルキートナを出てマッキンリー（六一九四メートル）をめざし、二月一日、カヒルトナ氷河のベースキャンプを出発。十二日午後六時五十分、厳冬期単独初登頂に成功。十三日、航空機との無線交信を最後に消息を絶った。
妻・公子はのちにこう語っている。
〈植村のことを、よく人は「早く生まれ過ぎた」とか「もっと早く生まれるべきだった」とか、色々いってくださるんですが、私としては、ちょうどいいときに生まれたんだわ、と思っているんです。彼が行った所というのは、戦後になって、ちょっと苦労して行けた、という所ではなかったでしょうか。これが最近のことですと、北極だろうが、南極だろうが、もっと手近になってしまい、手っとり早く行けてしまうでしょ……〉(『文藝春秋』平成元年二月号)
それでは、彼が生きたのはいったいどういう「とき」だったのか。

この人物に私が初めて会ったのは四十三年、アフリカから南米に渡りアコンカグアに登ったあと、二カ月かけてアマゾン六〇〇〇キロの川下りをやって日本に帰ってきたばかりのときだった。二十七歳。無名の青年で、明大山岳部の先輩に連れられて私が勤めるスポーツ新聞社にやってきた。ニコニコ笑ってはいるものの、どこか憔悴しているように見えたのを覚えている。ただし、弱々しく憔悴しているのではなくて、あくまでも精悍に、だ。憔悴と精悍では言葉がぶつかってしまうが、第一印象はその後も終始変わっていない。

口下手でテレ症で、できれば何も言わずにすませたいと考えているらしい。当時、スポーツ新聞運動部のデスクだった私は、ボソボソと語る話にたちまちにして引き込まれ、その場で記事の執筆を依頼した。幸運にも、のち多くの著書を世に送り出す「文章家」植村直己の、そのデビューに立ち会ったことになる。

第一印象がもうひとつ。「なんというぜいたくな暮らしをしている奴だろう」という、背骨が熱くなってくるほどの羨望の思いである。

あのころ、日本経済はすでに高度成長期に入っていた。昭和四十三年の経済成長率は実質一四・二パーセント、名目一八・六パーセント。国民総生産（GNP）は一四二八億ドルに達し、アメリカに次いでついに世界第二位。国際収支（経常）は一〇億四八〇〇ドルで黒字基調が定着し、対米貿易収支は五億五九〇〇万ドルの出超となり、日米貿易摩擦が発生した年だった。にもかかわらず社会全体になんともいえぬ閉塞感が広がっていて、全国百十五の大学で紛争が起こり、全共闘の学生たちはバリケードの中にたてこもっていた。ベトナム戦争は泥沼に陥り、ソンミ虐殺事件も起こっている。

勤労者、サラリーマンの実感でいえば、会社のために骨身を削って働くことが、今日よりは多少よくなるかもしれない明日を招き寄せるための、唯一の選択と見えた。高度成長の爆音が轟々と鳴っているとき、それを支える人びとの生活はひどく切迫していて、勤労の果実を悠然と摘みとるのは次の世代のこととしか思えなかった。

そういう時代に、白いシャツやネクタイをつけず、組織に身をまかせず、外国の山を登り、川を下って二十代のただなかを過ごす人物がいる。やがて、そういうこの可能な日々が、この国に住む若い人びとにも訪れるだろうという漠然とした予感はあったが、それはあくまでも予感であって一般的な現実ではなかった。

しかし、目の前に、同時代の人びとの何歩か先を、間違いなく歩いている人物が存在する。それが、いいようもなくうらやましく、輝いて見えたのだった。

あのころ、彼は牛乳会社の夜間勤務についていて、夜の八時から朝の八時まで製造ラインから出てくる粉ミルクを袋につめる、全身まっ白になって働く、という仕事をしていたが、それはあくまでも日々の食を得るための仮りの生活で、いずれはまた、外国に出かけるつもりだった。日常の仕事を虚ととらえ、その向こう側にある非現実、しかも自由に満ちた営為を実にしようと企む。時代のしがらみにからめとられて、日常から脱出できないものの目には、いかにも贅沢で豊かな暮らしと映ったのである。

2

植村直己は昭和十六年二月、兵庫県城崎郡日高町上郷の農家の生まれ。姉二人、兄三人の六人兄弟の末っ子。県立豊岡高校卒業後、いったん就職してからあらためて明大農学部農産製造学科に入った。まもなく山岳部に入部する。

山岳部で二年先輩の中島祥和は著書『遥かなるマッキンリー　植村直己の愛と冒険』のなかで次のように書いている。

〈けっして華やかな存在ではなかった。同期の中でも常に控えめだった。身長一六二センチ、体重五十八キロの身体は、けっして大きくないが、忍耐強く、こつこつと経験を一つ一つ自分のモノにしていった。底力をつけるために人知れず努力

を重ねていた。合宿のほかに、たった一人で山行を続けたのである〉

ふとたたいた山岳部のドアは、運命的な山との遭遇をもたらした。

四年のとき、サブ・リーダー。部をひきいるリーダーは同級生の小林正尚といい、東京生まれの都会っ子だが、山には高校時代からなじんでいた。四年の夏合宿が終わったあと、この小林が「氷河を見に行ってくる」と言いおいてアラスカのマッキンリーへ行った。

帰ってきた小林は、何度も何度もマッキンリーのすばらしさについて語った。

植村はこんなことを書いている。

〈日本では氷河を見られないから、彼が得意になって話す旅の様子は私をうらやましがらせ、ライバル意識を燃え立たせた。卒業してからの就職なんかどうなってもいい。せめて一度でもいいから外国の山に登りたかった。それが自分にとってもっとも幸せな道だと思った……〉（植村直己『青春を山に賭けて』）

氷河を見たい、という渇望を「なんだ、子どもみたいな……」としか考えられない人にとっては、植村の物語はここでおしまいになってしまう。同じことが、さまざまな人の人生についても言える。ある人は、幼いころ、もっともっと星に近づきたいと思って偉大な学者になる。別の人は、葉かげに動くあえかな虫の姿を追い続けて、生涯を終える。氷河も虫も、ときに充分過ぎるくらい激しい人生の動機になり得る。要するに、衝動・憧憬・執着の純度ということだ。

ただし、海外旅行が自由化されていなかった昭和三十年代、外国の山を登る、氷河を見にいくという行為は、時代の先端のさらにずっと向こう側に存在していた。衝動を純化し、決意に構築しないことにはけっしてかなわぬ行為だった。今ならば、オフィスで働く女性でも、今日思いたって明日「氷河見物ツアー」に加わることができる。植村はそれを、身を焼くほどの決意で実行した。山に入りびたった末、昭和三十九年四月卒業。「自分の成績ではとうていまともな会社に入れっこない」と就職を断念。在学中から鳶職手伝いのアルバイトなどでためた一一〇ドル（当時の為替レートで約四万円）の現金を持ち、一カ月後の五月、アメリカ経由で南米に向かう移民船「アルゼンチナ丸」に乗った。ロサンゼルスに着き、カリフォルニアの農園でメキシコ人たちといっしょに働き、必死に資金を稼ぐ。

五カ月働いたところで労働ビザなしの違法就労を移民官に発見され、大陸横断バスでニューヨークへ。そこから貨物船に乗ってフランスのルアーブルへ。そして、モン・ブランのふもと、氷河と針峰群の町、シャモニへ。谷をさらに奥に入ったところにあるモルジンヌのアボリアズ・スキー場で雑役の仕事にありついた。

植村が行ってから十数年もたったあとで、シャモニを訪ねたことがある。何十人もの日本人青年が長期滞在していて、岩壁登攀を繰り返していた。シーズンオフの間、ヨーロッパの町でアルバイトをして滞在費を稼ぐもの、日本で資金を貯めてきたものなど、一時期「正業」につかず「遊び」で過ごすという意味では、彼らもまた一種の限定的ドロップアウトだが、日本に帰って決定的などんづまりに直面するわけではない。この国には、さまざまな事情でスタートの遅れたものを受け入れるだけの余地が、そのころまでにはなんとかできていた。

そういう時代よりはるかに早く、植村はたった一人でやみくもに針峰群のふもとに入り込んでいったのだった。

3

昭和四十年、明大山岳部がヒマラヤの未踏峰、ゴジュンバ・カン（Ⅱ峰・七六四六メートル）に遠征隊を送ると聞いて、飛び入り参加させてもらう。植村はルート工作、荷上げと馬力にものをいわせて働いた。小林ら第一次アタック隊が氷壁に阻まれて失敗したあと、植村はシェルパのペンバとともに第二次アタックメンバーに選ばれ、二人は苦闘の末、未踏の頂上に立った。

隊長から「日本にいっしょに帰ろう」と誘われたが断り、栄光のサミッターが再び無銭旅行者となる。このまま帰ったらいつまた外国の山を登れるかわからない、と考えてのことだった。

カトマンズからモルジンヌへ。休んだ分を取りもどそうと、スキー場拡張工事の現場で働いたが、まもなく黄疸で倒れる。ヒマラヤで命を削るような思いをしたあとで、食うや食わずの無銭旅行、そして重労働。どうにかならないわけがなかった。

一カ月寝て、また労働と倹約の日々が始まる。町に出るのは週に一日だけ。一週間分のパンとジャガイモを買い込み、ケーブルの終点にある機械小屋に帰り、登山用のコンロを使って食事を作る。週の後半になると、パンがカチカチになってしまうので、砕いてスープにひたしながら食った。一杯のコーヒーは二日分のパン代に相当するからけっして飲まない。

文章家・植村直己はのち、多くのすぐれた文章、著書を著わした。なかでも、作家は一生に一度、輝くばかりの青春小説を書く、という意味において、以下の文章はみごとに光っている。

〈私は金、金と資金かせぎばかりを考え、多少変人といわれるような生活をした。間もなくクリスマスがやってきた。若いパトロール員たちは、仕事を終えるとノエール（クリスマス）のためモルジンヌの町へ出ていった。私も誘われたが、足が悪いからといって部屋にとじこもった。駅前の駐車場の広場では、モルジンヌの若者が車でのぼってきて、クラクションを鳴らし、若い男女は抱き合い、キャーキャーいってクリスマス・イブを楽しんでいた。若者たちは酔いしれて、大騒ぎをしている。

前のレストランにひとりで夕食をとりに行くわけにもゆかない。私は部屋にまだ残っていたジャガイモの皮をむいてフレンチフライにし、カチカチに乾いた長パンを、インスタント・スープの中にほうり込んで食べた。クリスマスの夜を、ひとり部屋の中で食事するとは、わびしいことこの上ない。そのわびしさを、

「オレにはつぎの目標がある。フランス人とちがう夢があるんだ」

と自分にいい聞かせてごまかした〉

粗末な夕食をすませ、何をする元気もなくベッドに横になっていると、スキー場のレストランでアルバイトをしているフランス人の女子学生ジョエルがほろ酔いかげんで部屋にきて、両の頬にキスする。ナオミを町中探したのにいないので迎えにきたのだという。ドイツ系の顔、小柄で目がパッチリきれいな娘。

〈彼女は部屋の中のコンロと、食べ残した皿の上のジャガイモやスープを見て、私の瞳を異様な目で見た。私は、しまったと思ったが、もう遅かった。こんなわびしい生活を彼女にだけは見せたくなかったのだ。彼女はすべてを察し、目をうるませて、再び私のほおに唇をあてた……〉

すべては、高くて清らかな頂に立つためである。今、身を置いているところはひどく低い。しかし、見上げているものは高貴で気高い。まなざしを高く掲げるかぎり、人間はけっして衰弱することがない。彼は豊かな窮乏のなかで暮らしていた。

今にして思えば、やがてやってくる時代を誰よりも早く手中におさめた、ということになる。しかしそのさなかの実感は、いま目前にある時代のテーブルからころげ落ちた、といったところではなかったのか。早く生きるものの宿命といってもよい。

4

森田勝は植村より二年早く、昭和十二年に生まれた。十歳のとき母親を失い、三年後、新しい母がきたのと入れ代わりに野田の醬油工場に奉公に出た。住み込みで働きながら中学に通うはずだったが、成長したのち、本人は親しい人に「オレは義務教育も受けていない」と語ったことがある。十六歳で奉公をやめ、父親が勤める会社に入ってプレスの金型工となった。

ふとしたことでロッククライミングを知り、あっという間にのめり込んでいく。家を出、仕事もやめた。以後、転々と職場を変わり、家庭・仕事という実の世界を捨ててひたすら登り続けていく。この人物にとっておのれの存在を確認できるのは、唯一、岩壁の上だけだった。そうやって獲得したアイデンティティーを下界に持ちかえり、からくも日々を過ごした。

「オレは有名になりたいんだ。でっかい登攀をやればスポンサーもつくようになる」

そんなことをしきりに語っている。

昭和四十二年二月、岩沢英太郎とともに谷川岳一ノ倉沢滝沢第三スラブの厳冬期初登攀に成功して名をあげ、第二次ＲＣＣのエベレスト隊、日本山岳協会のＫ２隊のメンバーにも選ばれた。しかし、組織的な登山には決定的になじめず、Ｋ２隊のときは第二次登頂隊に回されたのを不満として拒否、下山するなどというトラブルも起こしている。

物心ついたそのときから、この人物を圧迫し続けたのは一種いいようのない疎外感だった。それゆえに、凄味のある登攀を繰り返し、晩年には多くの若い崇拝者を獲得するまでになった。

長谷川恒男は森田より十年遅く、昭和二十二年に生まれた。幼いときから競争にさらされた団塊の世代に属し、中学を卒業、工場勤めを始めてまもなくロッククライミングを知る。森田同様、おそるべき急ぎ足で岩壁の世界に耽溺し、岩登りの名手とまでいわれるようになった。登攀という行為はあくまでも自らの存在を主張するための手段であり、その感情が激しいあまり、仲間との別離を繰り返し、当然の成り行きとして単独登攀に入り込んでいく。

決定的な要因となったのは、森田とともに加わった第二次ＲＣＣのエベレスト隊である。最終段階で加藤保男、石黒久の両登頂メンバーのサポート、収容にすばらしい働きをするが、組織の目的達成に奉仕するコマとして働かされたことに絶望し、帰国後、谷川岳滝沢第二スラブを登っている。さらに、マッターホルン、アイガー、グランド・ジョラスの「アルプス三大北壁」の厳冬期単独初登攀を達成して、名声を獲得した。最後のウォーカー稜を登ったときは、ひと足先に取り付いた森田が転落事故を起こし、救助隊に救出される、というアクシデントを起こしている。翌年、森田はウォーカー稜から転落死。四十二歳。

長谷川もまた、名声を得たのちは森田以上の崇拝者を集めたが、自ら隊をひきいてヒマラヤに挑戦し続けてことごとく失敗、なおもやめず、最後はフンザの未踏峰ウルタルをねらって二度目に遭難死をとげた。四十三歳。

山田昇は長谷川よりさらに三年遅い昭和二十五年生まれ。高校を出て職業訓練校に進んだころ、山岳会に入った。やたらにとがったところが目立つ森田や長谷川とちがい、おのれを多弁に語る代わりに実直な行動に徹する性格が人びとに愛され(電気工としての仕事先でもひとしく愛された)、なによりも高所での比類ない強さが高く評価されて、群馬岳連の強力な闘士となった。昭和五十三年、ダウラギリ1峰を南東稜から登ったのをはじめ、カンチェンジュンガ、ローツェ、エベレスト、K2、マナスル、アンナプルナ、シシャパンマ、チョ・オユーと八〇〇〇メートル峰全十四座のうち九座の登頂に成功。残る五座をめざしたが、厳冬期のマッキンリーで死んだ。このとき三十九歳。周囲では「いつまでもヒマラヤを登り続けることはできない。そうなったあとは、山での実績を実の人生で生かすようにしてやりたい。そのためにも十四座の完登をさせたかった」と言うが、あと五座まで迫ったところで、森田や長谷川同様、彼もまた山中に留まり過ぎたことになった。

森田、長谷川、山田の三人が日本の登攀史を飾る存在だったことはいうまでもない。三人の性格、山に向かう姿勢はもちろんそれぞれに異なる。森田、山田は著作と呼べるものを残さなかったが、長谷川は本を書き、講演し、カルチャー・センターの講師もつとめ、それによって登山というサークルの外での名声も得た。山田はなかでも筆不精で、おのれの業績を世間に発表することを苦手としていたが、生まれつき人になじむ性格で、組織からみれば頼りになる兵士だった。

共通点がひとつ。三人とも、高所での激烈な闘争が生理的につらいところにさしかかったにもかかわらず、なおも引き下がることを拒否して世を去った、という点である。

この三人と比べ、植村の相違点はさらにはっきりしている。明大山岳部からスタートしたのち、先鋭的ロッククライミングを追求する道をとらず、かつて、槇有恒ら「名家の子息」たちが青春の歌を歌ったシャモニをまずめざした。針峰群の岩壁で激しい登攀に没頭する代わりに「ヨーロッパで一番高い」モン・ブランに少年のような憧憬を託した。彼の視野にあったのは、局地的バリエーション・ルートではなく、戦闘的クライマーが関心をしめさない、別の舞台である。

「高さ」を求める行動が一段落したあとは、極地、すなわち水平への展開という独創性もしめした。これもまたひどく苛烈な闘争だが、山岳界の外にいる人びとにとってはきわめてわかりやすい、共感をもてる行為だった。バリエーション・ルートの登攀、八〇〇〇メートルの高所での闘いはアルピニズムという限定された世界での出来事だが、植村を終始つき動かしていたのは、子どもの好奇心、憧れ、すなわち、人が誰でももっている共通の夢、ただし、選ばれた人しかもっていない、その夢を実現するための不屈の意思、だった。

素朴ではあるが人びとの胸を打つ文章が、よりいっそう、広い支持を集めた。

もちろん、垂直も水平も、生命を刻み、削っていく行為であるという点で、いささかの変わりもない。

5

モン・ブラン、マッターホルンを登り、さらにマルセーユから東アフリカのモンバサ行きの貨物船に乗ってケニア山、キリマンジャロに登る。四十三年の正月は、バルセロナからブエノスアイレス行きの船の中だった。

アコンカグアに単独登頂したあと、ペルーのリマに出る。そこで、明大山岳部の同僚であり「マッキンリーの氷河を見た」小林からの手紙を受け取った。手紙には、

「オレは結婚した。アマゾン川を下るそうだが、そんな危険なことはするな」

とあった。

先に氷河（時代といいかえてもよい）を見た仲間は、今、安全で平和な後方に去ったが、計画を変える気はなかった。ひとたび日本に帰ったら、また外国に出てくることができるかどうかわからない。少しでも多くのことをして帰らねばならない、と思いつめていた。イカダの旅ならカネがかかるまいと、家畜運搬用のイカダを買い、その上に自分で小さな小屋を作り、主食としてむやみに安いバナナを山ほど買い込んで、アマゾン川の源流に近いペルーのユリマグアスから流れに乗り出した。

アマゾン川六〇〇〇キロ。河口のマカバに着いたのは六十日あとのことである。マカバからベレンへ行き、アメリカに渡り、カリフォルニアの農場で二カ月働いてカネを作り、アラスカへ。これっきりのはずの旅の終わりに、どうあってもマッキンリーに登りたかったのだ。余人にははかり知ることのできない執着だったが、国立公園当局は単独行者にマッキンリー登山許可を与えてくれない。登ることができず、日本に帰りついたのは、四十三年の十月。そして「定職」につく。夜八時から朝八時まで、粉末牛乳を袋につめるという徹夜仕事である。

翌年四月、明大山岳部OBを通じて、日本山岳会のエベレスト遠征隊の第一次偵察隊に誘われ、参加、そのまま越冬。四十五年の本隊では、第一次登頂隊員として至高の頂に立った。

以後についてはよく知られている。エベレストに登った四十五年の八月、こだわり続けたマッキンリーについに登り、四十六年一月には厳冬期のグランド・ジョラス・ウォーカー・バットレス登攀。五十一年五月、犬ぞりによる北極圏一万二〇〇〇キロ走破。五十三年四月、犬ぞりを使っての単独北極点到達、グリーンランド縦断……。

垂直から水平へ、このドラマチックで独創的な転換は、あとになって「八〇〇〇メートル峰十四座完登」から極点に視線を転じたラインホルト・メスナーという「追随者」を生む。ナオミ・ウエムラの名は日本よりもむしろ、外国の方で広く知られることになった。同時代の地平線の向こうにある時代に手をかけた、その精神の燃焼が高く評価されたからにほかならない。

いいかえれば、この人物に次々と時代を先取りされた人びとは、一種形容のしがたい喪失感を抱え込むことになる。

　四十九年五月、植村は行きつけのトンカツ屋で見そめた野崎公子と結婚した。「北極さえやったらもうこんなことはやめる」と口説き落としたのだ。その年、七、八月とヨーロッパに出かけ、そして十一月にはグリーンランド。北極圏一万二〇〇〇キロを一年半かけての旅だった。

　その旅から帰ったばかりのころ、東京・板橋の六畳、四畳半に台所という、三十三歳にして初めてもった家でインタビューしたことがある。結婚したのは二年前だが、ともに暮らしたのは数カ月だけ。つまり、新婚そのものの夫婦だった。

　著書『北極点グリーンランド単独行』のなかで、こんなことを書いている。

〈しいんとしている夜中、寝ていた私の横でなにか動くものがあった。最初夢うつつに、横に女房が寝ているのだと思った。女房が横にいるという安らぎから、むしろ穏やかな気分で寝ていた……〉

　ハッと気づくと、それは妻ではなくて、いつの間にかテントにもぐり込んで寝入っていた犬だった……。

　つんのめるようにして単独行を重ねる植村の姿に、人間嫌いを想像した人がいる。

だが、人間嫌いがこんな美しいシーンを文章にできるはずがない。彼はただ、より純なものを求めて行きつくところまで行こう、と激しく決心したのである。それは人間から遠ざかる作業ではない。逆に、至高のところでおのれの人生を確認しようという行為だった。

こうも語った。

「大したことをやったようにいわれているが、ぼくにとってはまるで大したことではなかった。歩きたいときに歩き、眠りたいときに眠る。朝起きて、自分も犬も体の調子がよくないと思ったら、その日は休みにしてしまう。何から何まで自分の好きなようにできた極地の生活は、ほんとうに平和だった」

言葉どおりに受け取ったら誤りを犯すことになる。犬と日向ぼっこしていたわけではない。平和という言葉を使うなら、それは生と死のギリギリの境界線の上で精神をはりつめて束の間構築した、きわどい平和である。か細い一本の糸の上に立って、この人物は生命を深化していったのだ。そういう深い深いところから、美しい文章をつむぎ続けた。世界中から認められたとおり、彼は間違いなくこれからくる時代を先に先にとさらっていく冒険家だが、その過程で、みごとな表現を達成した。

残されたものを読むたびに、冒険はかかる表現のために存在したのか、の感が深まっていくのだ。

畳の上のインタビューでこうも語った。

「こんなことをやっていて、十年先にはどういうことになるのやら。最後は養老院に入れてもらうことになるのだろう」

夫がちょっとの間席をはずしたとき、妻の公子が言った。

「植村は気の毒な人なんです。自分で自分の首をしめていくのですから。安住の地などありません。私はこの人の末路を見届けることになるのか、と考えています」

冒険家は、行動のグレードを絶対に落とすことができない。ひとつの行為を達成するたびに、彼が生きる場所は狭まっていく。悲劇的だが、だからこそ彼は冒険者なのである。同様に、表現者は、生きているかぎり、表現すべきものを枯渇させるわけにはいかない。地球上もっとも高い地点に到達し、南と北の極をきわめたあとはどこに行けばいいのか。あとは地球から飛び出して、別の星を探しにでも行くほかないのではないのか。そう言ったら、公子は「安住の地はありません」と語ったのだった。

五十八年八月、植村は北海道帯広市の南西約四〇キロにある岩内仙峡を下見に出かけた。植村野外学校を作る構想をもっていて、その候補地を探していたからだ。あるいは、これが彼にとっての「安住の地」になるはずだったのかもしれない。だが、そこにたどりつく前に、マッキンリーから帰ってこなかった。精悍な憔悴の果てに、である。

6

九四年三月、ラインホルト・メスナーにインタビューしたとき、こんな話を聞いた。

「アルピニズムはスポーツの埒外にあるものだ。私にとっては、自分自身を表現するという意味でスポーツよりは芸術に近いものだと考えている。登山史でもっとも偉大な人は、たくさん登頂したとか、だれよりも早く登ったとかいうことではなくて、人間としていかに自分を表現したか、でとらえられるのだと思う。表現者として、私は植村直己氏を尊敬している。最後まで理想を追求した、すばらしい理想家であり、今世紀のもっとも偉大な登山家、冒険家のひとりといえる。もうひとり、大好きな登山家にパウロ・プロイス（オーストリア）がいる。彼もまた、みごとな理想を表現した。今でも、彼の書いたものを読むのはたいへん楽しい。ただし、ひとつだけ彼は大きな過ちを犯した。一九一三年、二十七歳のとき山で転落死してしまったのだ……」

それを過ちというのなら、自己表現の手段に山や冒険を選んだこと自体が過ちになるのではないか。

森田勝はグランド・ジョラス・ウォーカー側稜で墜落死した。山田昇はマッキンリーで墜ち、加藤保男はエベレストから帰らず、長谷川恒男はウルタルで死んだ。アルピニズムの歴史に自分自身の一ページを書き残した人びとに共通しているのは、いうまでもないことだが、強靭な心身、とくに、生死の境目でおのれを支えぬくタフな精神である。その強さは、まさにおそるべき、の一語につきる。そういう人びとも、アルピニストとしてあり続けるかぎり、高所での死を避けることはできなかった。目前にある死を凝視し続けた末、境界線の向こう側に歩み去っていった。アルピニストであることを人生の途中においてやめないかぎり（彼らにそれが可能だったかどうかは、本人以外に知るよしもないが)、行動のさなかの死は必然とさえみえる。

彼らはいったい、どういう人間たちなのか。かつてロサンゼルス検死局長をつとめた元日本人、トーマス野口博士に「病理学者のブラック・ユーモア」という言葉を聞いたことがある。生きている人間ではなく、つねに死者と向き合っているうちにユーモア感覚に決定的なズレが発生し、生きた人間にはとうてい通用しない言葉を吐いて顰蹙を買ってしまう、といった意味だ。博士自身、ほかの世界に住む人が聞いたらゾッとするような言動があったと自ら認めている。

岩壁登攀者にも似たような顔がある。やたら先鋭、自己顕示の言辞を好み、闘争心がギラギラして他人を容易に寄せつけない。なじまない。よくいえば孤高、あるいは傲岸《ごうがん》。心のなかに大きな穴ぼこがあるから岩壁に取り付くのか、ギリギリの登攀を繰り返すうちに穴があくのか、そのへんはわからない。確かなのは、生と死の間を行ったり来たりする登山家の心には、得体の知れぬ薄気味悪い穴がある、ということだけである。はたから眺めると、それは震えのくるくらい魅力的に映るのだが、穴であることに変わりはない。

植村は、登山を始めたそのスタートにおいて、いわゆる岩壁登攀者ではなかった。ハーケン、カラビナをハデに鳴らす代わりに、ひたすら黙々と歩く明大山岳部の思想、伝統の影響は大きい。登攀者たちの間では、世界初の五大陸最高峰登頂者といっても、バリエーション・ルート全盛の時代に何ほどの価値があるのか、といった評価もある。彼らにしてみれば、時代を先取りしたのではなく、むしろ時代遅れといいたいのだろう。しかし、古典はつねに新しい生命をもつ、という意味でいうならば、彼は時代を超えていた。

先に記述した森田、加藤、山田、長谷川といったクライマーたちとは、明らかに異質である。同じように強靭な心身、生命力をもち、心中に穴を抱えていたにしても、穴そのものの形状が異なる。登攀者たちが、岩壁上で火を噴くような闘争心をたぎらせているとき、植村は極地で白クマに脅え、犬を抱いて寝ていた。そしてそのありさまを、美しい文章で表現したのだった。

なおかつ、彼の前途にはクライマーたちと同じ運命が待ち受けていた。アルピニストとして肉体的には避けられない晩年にさしかかった四十三歳の誕生日、執着しぬいた厳冬期マッキンリー単独初登頂を果たしたあと、帰らぬ身となったのである。

＊

インタビューしたとき、こんな話もした。

「今までいろいろなことをやってきたが、自分自身、ほんとうに冒険と思ってやったか、といわれると必ずしもそうではない。やれるんじゃないか、というなにがしかの計算はあった。言葉もできず、知り合いも友人もいないのに、どうしようもない感じで初めて外国に出ていったときの方が、自分にとってはずっとたいへんな冒険だったように思う」

日本という国とそこに住む人びとにとって、外国の土を踏むこと自体が冒険だった時代はまさに存在した。この行動者、そして表現者はそこから飛び出し、やがてくるはずの時代を性急に求め続けた末に、マッキンリーという「別の星」に消えていった。繰り返すが、余人にはとうてい理解しがたい青春・執着の残るマッキンリーという星に、である。

植村直己は早く生まれ過ぎたのか。早過ぎもしない。遅過ぎもしない。彼は行動の出発点、執着の発生点からしてすでに、まぎれもない「時代の子」だった。時代を超え、次の時代をさらっていった、という意味においても……。

第四章　雪崩に埋没した雪男への夢

鈴木紀夫

1

平成九年二月二十日、静岡県御殿場に住む鈴木京子は、三島から東京行きの「こだま」に乗った。同じ列車に長男の大陸（十七歳）がクラスメートたちといっしょに乗っている。桐陽高校国際進学科二年生。学校の研修旅行でオーストラリアに三週間ホームステイする。その息子を東京まで見送るためだ。大陸にとってはこれが三度目の外国旅行となる。最初は中学一年生のとき。亡父の母親たちとインド、ネパールへ行った。父親が若かったころたどった道をたずねて回る質素な旅だった。二度目は二年後。やはりインド、ネパールだったが、このときは同行のテレビ取材クルーのおかげで、りっぱなホテルに泊まったりした。

そういう旅行をしたあとで、高校生は母親に言った。

「オレ、やっぱり貧乏旅行の方がいいような気がするな」

京子は何も言わなかった。

この母子は、世を去ってもう十年になる夫、父親について語り合ったことがほとんどない。

息子は父親が書き遺した本『大放浪』を読んでいるはずだが、その内容について母親に問いただしたこともない。一度だけ、京子は長男の友人から、大陸がこんなことを言った、と聞いたことがある。

「あんな親父と結婚するくらいなんだから、お袋だって普通じゃないと思うよ」

「こだま」の車中で、京子がその話をしながら笑った。

「ほんとうは、オーストラリアよりネパールに行きたいみたいなんですよ。大陸もそうですが、娘の千花（十三歳）はもっと父親似で、顔も考え方もそっくりです。主人の母親がまた同じで『おカネを貯めて、みんなでもう一度行こうね』といつも言っています。誰もが夢を追っているんですね」

三島駅のプラットフォームからは、雲ひとつない空に富士山が見えた。あまりにも美し過ぎて現実感が薄く、これもまた夢の中の姿のようだった。

鈴木紀夫は昭和二十四（一九四九）年四月二十五日、千葉県市原市で生まれた。父親は会社員。

敗戦二年後の昭和二十二年、爆発的な出産ラッシュが起こり、約二百六十八万人が誕生した。翌二十三年にもほぼ同数。二十四年は約二百七十万人。その年がベビーブーム世代の頂点で、二十五年には約二百三十四万人に減り、ブームが去る。鈴木はそういう年に生を享けた。のち「団塊の世代」と呼ばれることになる昭和二十二〜二十四年生まれは、平和の回復とともに産声をあげた幸せな子どもたちだったのだが、成長するにつれ、彼らの視界に入るのは平和どころかおそろしく混雑し、窮屈で、それゆえに不自由な風景ばかりとなっていった。

小学校では、突如として押し寄せてきた新一年生の大波をまともに受け止めることができない。児童を午前組、午後組に分けて登校させる二部授業はヒトもモノも足りない戦争中に行なわれていたが、それをまた復活せざるをえなくなった。文部省の一学級の児童数最低基準は五十人（教育者によればこれでも多過ぎる）となっているが、一クラス六十人、七十人というすし詰め現象は日本中で発生し、正規の机が教室内に入りきらないため、机を小型に作りかえたところもある。理科、音楽、家庭科教室や図書室を普通教室に転用するのはごく当たり前。講堂、雨天体操場、柔道場は粗末な間仕切りで区切られて教室に化けた。廊下や階段下までが転用された。屋根のあるのはまだいい方で、学校によっては校庭に机と椅子を並べて「青空教室」と呼んだ。

狭い場所にオイルサーディンのようにつめ込まれているかぎり、自分自身の地平は見えてこない。存在そのものが群れの中に埋没する。埋没がもたらす閉塞感と折り合いをつけることができれば、日々はなんとなく過ぎていく。少なくとも飢えて死ぬ恐怖はこの国に、あるいはこの世代にもはやない。しかし、それだけではどうにも心の満たない者もいる。おのれの存在を確認するために、参加者が多過ぎる競争に勝って他者を抜き去るか、それとも競争からドロップアウトして独自の世界を求めるか、いずれかの選択に迫られて七転八倒する。

鈴木紀夫は昭和四十三年、法政大学経済学部第二部（夜間部）に入学。家を出て東京・港区芝のアパートで暮らし、昼間は新橋の花屋で働き始める。まだ行ったことのない外国旅行に出たい一心でカネを貯めるためだ。一年後の三月十七日、東京―バンコク往復の船の切符を買い、横浜港から船に乗った。貯金は二十万円ほどになっていたが、船賃を払い、中古のカメラや寝袋を買って残りをドルに替えたら、七六ドルにしかならなかった。

両親にはないしょ。出発する直前、置き手紙同然の便りを書いて投函した。

〈俺たちの年齢では誰でも親から離れて、外国へ行ってみたいという夢を持っています。もちろん俺も例外ではなく、中学時代から外国への憧れを持ち続けていました。手紙が届くころには海の上と思いますが、怒ったり、悲しんだりしないでください。俺自身の力で立ち上がったと喜んでもらいたいのです。甘い考えでしょうか。この旅行は物見遊山とちがって、俺が人生において何かを得てこようという旅行なのです。家出同様で勝手な旅行をしますが、俺にも意地というものがあります。これだけはどうしてもしなければなりません。心配かけてすみません……〉（鈴木紀夫『大放浪』朝日文庫）

のちに冒険家と呼ばれるようになるのだが、これは冒険旅行といえるものではとうていない。冒険だったら、たとえ紙の上だけでも始めから終わりまでの計画がある。行って何をするか、確たる目的がない。要するに、見渡すかぎり同じような顔、同じような年ごろの人、人、人の世界から脱出することにすべての意味を託する出発だった。

2

最初の寄港地・香港ではアバディーンやレパルスベイを見物して、ごくなみの観光旅行コースを歩く。ギリギリのカネしか持っていないのに、壁掛けを買って家に送ったりした。次のバンコクでは、船中で知り合ったタイ人の家に押しかけた。ここからベトナムに行くつもりだったが早くも気持ちが変わり、アルバイトのしやすいオーストラリアに行こうか、となる。すぐまた変わり、これまた船でいっしょだった日本人のあとをついてクアラルンプールへ行く。苦心してヒッチハイクの車をつかまえ、夜は寺や警察署の一室に転がり込む。駅のベンチでも寝た。日本大使館をたずねて「マレーシアが好きになったので、当分住んでみたい。仕事があったらお願いしたいのですが……」ともちかけ、当然のことながら「ここは職安ではない」と追い返される。今度はやみくもにヨーロッパに行きたくなり「バンコクに一〇〇ドル送ってほしい」と家に手紙を書く。

バンコクに戻って船の切符を航空券と交換し、カルカッタへ。バスでニューデリーからラホール、ペシャワール、カブールへ。テヘラン行きのバスが故障して、砂漠の真ん中で五時間も動かなかった。著書の中でこう書いている。〈「俺はなぜこんなところにいるのか」「いまごろ家にいりゃあメシが食えて、親父と一杯やっているころだろう」「望郷ってのはこんな気持ちをいうんだろうな」「いけねェ、ここで泣いちゃいけねェ」僕は独り言を繰り返した。涙に負けず克己して、夢を求めて進んで行かねばどうにもならんだろう。いま、俺という人間は鍛えられているんだ。人生にはこういうことぐらい何度だってあるさ。若い男はこうして少しずつ強くなっていくのにちがいない……〉

行く先々で人の好意にすがり（何度か裏切られ、だまされ）図々しいほどの旅を続けながら、同時に、手放しのセンチメンタリズム。この日本人青年はこんなことでもしなければ「鍛えられる」という実感をおのれの国で得られなかった。一九六〇年代から七〇年代にかけて、日本はそういう国になっていた、ということだ。

イスタンブールからヨーロッパに入り、ギリシャ、ユーゴスラビア、オーストリア、ドイツへ。ミュンヘンで、日本を発ってから五カ月ぶりに、バス会社の雑用係という仕事にありつく。三カ月働いてフランクフルトに移り、レストランで皿洗い。ヒッピーたちとついたり離れたりしながらヨーロッパを流れ歩き、イスラエルのエラートへ。ヒッピーたちが建てた掘っ建て小屋に住んでトラック運転手の助手、電気工事、道路工夫、銅山坑夫、沖仲仕など、手当たり次第に働いた。

エラートを出て、再び放浪旅行に出る。ユーゴスラビアからオーストリアに行こうとしたとき、所持金が少な過ぎるため入国を拒否された。夜、不法越境をはかって捕えられ、五日間留置されるという目にも遭った。ベオグラードで母親あてに「日本に帰りたいのでカネを送ってくれ」という手紙を泣きながら書く。アテネの日本大使館に三〇〇ドルが届くと、すぐコンパクト・カメラを買う。インドから船で帰るつもりでニューデリーへ。帰国のことはすぐ忘れた。徹底的に無目的無計画で、消耗を重ねるだけの旅。そういうことを続けながら、青年はついにこんなことを書くにいたる。ネパール・カトマンズの寺で、火葬を目撃したときの話だ。

〈たちまち火は燃え上がり、死者を包んだ。焔の間からちらっと二本の足が見えた。

ふり返ると、下の川では子供たちが遊び、女が洗濯をしている。

火炎と一緒に煙と灰が空へ上がってゆく。何かがはじけて地面に落ちた。死者の黒く焼けた手首だった。白い骨が見えた。突然死者の腹から水が一メートルも噴いた。二度噴き上がった。男たちは藁を追加する。サルが見ている。

風が吹いた。煙が僕らのところへ来た。

「ビーフ・ステーキのにおいだ」

とユーさん(一緒に日本を出た仲間)。

遠くで雷鳴がし、雨雲がこちらの方を向いている。僕は目をつぶって「南無妙法蓮華経」を唱えた。

数日後、ユーさんはバンコクへ飛び、僕は再びインドへおりた。

ガンジス川で女たちが水浴びして上がってくる姿を二時間ほど飽きずに眺めていた。濡れた薄い着物の下からおっぱいが透きとおって見える。着物が体にはりついて、体そのままを見るのと変わりない。

「これだから旅はいい」

それから、ひたすら汽車をタダ乗りしてラジギールへ向かう……〉

この上質な何行かを書くために、青年の極貧旅行はあった、とさえ読める。しかし、それは旅行そのものがそうであったように、鈴木紀夫という人物の実の生活にはなんの役にも立たなかった。正確にいえば、光景を目撃すること自体が彼にとっておのれの存在表現であり、見終わった瞬間、表現という行為は終結してしまうのだった。そもそも、のちに思ってもみなかった事件にかかわることがなかったら、これが活字になる可能性さえまったく存在していなかった。

ただし、人生は「役に立つもの」だけでできあがっているわけでは必ずしもない。

再びヨーロッパに向かい、ジブラルタルからカサブランカに渡り、エジプト、スーダン、エチオピア、ケニアをさまよい、もう一度ヨーロッパに戻り、アテネでイスラエル出入国のスタンプを押してあるページをパスポートから破り捨て、シリア、ヨルダン、イラク、クウェート、イランへ。ようやく帰国の決心が固まり、家に送金依頼の手紙を書く。四十七年十二月、痩せおとろえた姿で東京に帰った。羽田からモノレールで浜松町に出、家に「帰ってきたよ」と電話する。母親つね子は「帰ってきたのね。お寿司をとって、みんなで待っているよ」と言った。こうして三年九カ月に及ぶ放浪の旅は終わった。そのまま何ごともなく過ぎれば、この歳月は鈴木紀夫という人物の記憶の中から一歩も外に出ることはなかったはずだった。

だが、事件は二年もたたないうちに起こった。

3

家で一カ月を過ごしたあと、北海道函館の友人を頼っていき、機械組み立て工場の臨時工となる。三カ月働いてカネを貯め、家に戻ったが、もう何もすることがない。放浪旅行は実の生活において徹底的に無意味であり、自己表現は日本に帰ったそのときに終了してしまっている。早急に何かをしなければならない。できることといったら、三年九カ月間に覚えた「放浪」だけである。視野の中に小野田寛郎という人物が浮かび上がってきた。

小野田は大正十一年三月、和歌山県生まれ。陸軍少尉だったが、職業軍人ではない。昭和十九年十二月、フィリピン・ルバング島に遊撃戦要員として派遣され、戦争が終わったあとも島の山中に留まって、本人によれば「残置諜者」としての戦闘任務を続行した。その間、住民との間に何度か「戦闘」があり、いっしょに留まった戦友や住民が死んだ。

ルバング島に日本兵が残っているという事実は早くから確認され、やがて小野田の名前も判明。日本政府が大がかりな救出行動を展開したが、本人は応じない。頑として山中から姿を現わそうとしなかった。
　この小野田と接触しようと鈴木は思い立つ。のち、評論家の大森実と週刊誌で対談してこう語っている。
大森「きみは法政大学を出るべくして出ずに、五十カ国を歩き回ったわけね」
鈴木「そうです」
大森「それで、その状態のままでは、きみはいわゆる放浪主義者みたいなかたちで評価されていたと思うよ」
鈴木「たしかにそのとおりです」
大森「それから何年かたって、俺の小さな経験でも生かして、小野田少尉と接触して救出したいと思ったんだろう」
鈴木「経験というか、わたしの考え方です」
大森「やったらそれが当たって満塁ホームランを打ったわけだ」
鈴木「満塁逆転サヨナラ場外大ホームランだ（笑い）」
大森「結果として、なっちゃったんだ」
鈴木「なっちゃったんですよ」

大森「世の中をあっと言わせてやろうという気はなかったわけね」

鈴木「それはある程度あったんですよ。ありましたけどね。それがこんなに大きな反響になるとは思わなかった。ほんとです」

日本に帰って一年後、臨時工で稼いだ金を持ち、関西、九州と旅行中に知り合った友人を訪ねて歩いた末、下関からフェリーで韓国・釜山に渡り、台湾を経由して昭和四十九年一月二十一日、マニラに到着する。二月九日、ルバング島入り。

住民に「オノダがよく姿を見せるところ」と聞いた山中にテントを張る。二十日、そこに本人が現われた。二人は夜を徹して語り合い、鈴木は小野田の写真を撮り「上官の命令があれば出る」という言質をとりつけて翌日、下山。村に帰って通報した。

三月九日、日本からかけつけたかつての上官と鈴木の前に小野田は約束どおり現われた。出たくても出るきっかけをつかめずにいた残置諜者にとって、鈴木というメッセンジャーボーイの出現は絶好のチャンスとなったのだった。

戦後二十九年を経て忽然と現われた「戦闘中の日本兵」は、日本人にとって生きたタイム・カプセルである。ニュースは大爆発を起こし、小野田とともに帰国した鈴木は瞬時にして英雄となった。

小野田本人はもちろん、彼を救出した放浪者の周辺にもマスメディアが殺到する。新聞、テレビ、週刊誌がすさまじい取材合戦を展開した。「小野田少尉と語り明かした鈴木紀夫さんの背景」（『週刊現代』）から始まって、二十四歳の青年に目がくらむばかりの関心が集中する。「ホラから出たマコトで神様になった鈴木青年の冒険旅行」（『アサヒ芸能』）、「鈴木紀夫さんのスクープの値段と権利」（『週刊新潮』）、「俺の小野田論は百五十万円の価値がある（鈴木紀夫）」（『週刊ポスト』）、「鈴木紀夫クンのあの一枚がピュリッツァー賞の最有力候補に」（『平凡パンチ』）、「『ヒーロー』か『一発屋』か」（『週刊大衆』）などなど、三月から四月にかけて、週刊誌に三十本を越す特集記事が組まれた。殺到する取材申込みをさばくため、被取材者に提供される謝礼額を並べて整理する「取材入札」さえ行なわれた。同じ年に生まれた二百七十万人の中の一人がついに突出し、放浪が初めてなにがしかの実をもたらし、カネになったのである。放浪旅行と小野田発見までのいきさつは著書『大放浪』となって出版された。

誌上でこうも語った。

〈真の英雄なんて書かれちゃ、本当にダメだよ。いやになるよ。悪いこともできないしよォ。ほんとにイイことなんかないんじゃないの。自分の名を維持しなくっちゃいけないし、もうこっちから身をひきたいくらいだよ。あんまりすましてると、今度はデカいつらしてるとかなんとかいわれるし、むずかしいんだよ。まったく。それにいろんな申込みがあったよ。広島の山の中にいるヒバゴンを探せとか、ツチノコを見つけてくれとかさ。雪男をやってくれないかとかさ……〉（『週刊ポスト』昭和四十九年十二月十三日号）

4

虚名だけではない。ルバング島での遭遇は鈴木紀夫という人物に何ものにもかえがたいものをもたらした。最大にして生涯の理解者、すなわち妻の京子である。

鈴木は雑誌で太平洋単独ヨット渡航の堀江謙一と対談して知り合い、堀江のヨット仲間、国重光熙を紹介された。その国重に作家の林房雄を紹介され、そこで六歳年上、養女の京子を知る。昭和五十三年二月二十五日、二人は結婚式をあげた。そのときすでに、雪男を探すためのヒマラヤ行きは三度を数えていた。新婚旅行がそのまま四度目のヒマラヤ行きとなり、四カ月に及ぶ。京子の回想。

「雪男探しに六回出かけました。スポンサーをつけると制約を受けるし、見返りを持って帰らなければならない。それがいやだといって、旅費と留守中の私たちの生活費ができるまで、一所懸命働いておカネを貯めていました。帰ってくるときはひどく痩せ衰えています。長男の大陸が赤ん坊だったころ、父親の顔がわからなくなって泣かれたこともあります。五回目から六回目までには六年かかりました。子どもたちが小さいうちは、と我慢していたのですね。それが分かっていましたから、私としてはいつかまた行かせてあげたいと思っていました。夢を追い続けてほしかったのです。『子どもが生まれたからスパルタ教育でいくぞ』なんて言っていたのがすっかり溺愛になってしまって、主人の母には『呆れたわ』と笑われていましたが……」

雪男は英語では「アボミナブル（いまわしい）スノーマン」と呼ばれる。

〈ヒマラヤ山中にいるといわれる、人間に似た正体不明の生きもの。一九五一年、ヒマラヤ探検に加わったシップトンがその足跡（約三十二センチ×十七センチ）を写真に収めて以来世界的な関心を集め、多くの調査隊が派遣された。報告は古くからあり、ホジソンの論文『ネパールの哺乳類』（一八三二年）が最も早い時期に属し、ワデルの足跡目撃（一八八九年）、トンバーツィの実見（一九二五年）などが続く〉（平凡社『世界大百科事典』松宮由洋＝雪男＝から）
〈チベット、ネパール、ブータンの地方民の間にはこの動物についての口伝があるが、実証的根拠はない。現在いろいろな憶測が生まれているが、実物か実物の写真を得ることができないかぎりは、生物学的には問題にはならない〉（学習研究社『グランド現代百科事典』内田亨＝イエティ＝から）
鈴木はこの雪男の写真やビデオを撮って帰ろうと思い立った。ルバング島で元日本兵に遭遇して英雄となった彼は、もはや「普通の人」に留まることができなくなっていたのである。放浪旅行は一人のヒッピー体験でしかなかったが、ルバング島での出来事は人の一生を突き動かす衝撃と化した。
広大なヒマラヤ山中でいるかいないかわからないものを捜索するには、大きな組織と機材を必要とするのだが、それをたった一人でやろうと考えた。「定点」としたのはネパール・ヒマラヤ・ダウラギリ4峰（七六六一メートル）のベースキャンプ（三七〇〇メートル）。ここで監視するかたわら周辺を歩いて捜索する、という計画だった。同行は現地で雇ったキッチンボーイら二人。鈴木はこう書いている。

〈僕は次に雪男探しに行くんだと興味本位でずいぶん騒がれた。しかしマッピラ御免という心境だった。もう人のおだてに乗るものか、と思っていた。だが、自分の進路に迷い、アイデアの浮かんでこないことにいらだち、再び自分自身を見つめ直す必要にせまられ、そのためにも静かな、長い時間が欲しかった。せっぱつまって、それならいっそのことネパールに行って、のんびり雪男でも捜してみようかという気になった。ところが、しばらくヒマラヤや雪男の本を読みあさっているうちに、雪男は実在するという確信を持つにいたり、しかも僕のたくましい想像力は、雪男が目の前で火のように燃えた目をし、真っ赤な口を開け、ほえたてる姿を夢に見るまで発展してしまった……〉（『文藝春秋』昭和六十二年十二月号）

理解者の一人、国重が語る。

「やさしい男で、最初に会った晩から意気投合してしまったが、雪男の話に関してはどうも信じがたい感じがして、初めはまともにとりあわなかった。『大放浪』の印税を資金源にしてヒマラヤに通っていたのだと思うが、それを使い果たして最後は苦しかったんじゃないだろうか」

五回目のヒマラヤ行きから六年たった昭和六十一年（三十七歳）、妻以外の者の目からはすでに消えたと見えていた火がまたついた。カネをかき集め、旅費と家族の生活費を作り、六回目の旅を実現する。京子が語った。

「出発の日が近づいたある日、突然『俺ももう長くはないな』と言いだしたのです。『え、何が？』と聞こうとしたとき、話が変わり、それにまぎれて答を聞くことができませんでした。何が長くないと思うのか、それをぜひ聞いてみたかったのですが……」

九月二十九日、出発。荷物がつまった重い登山用のリュックサックを背負ったとき、思わずよろけた、と京子は言う。

ポカラからダウラギリ山域に入り、それきり帰ってこなかった。妻にあてた最後の便りは十一月十三日付で、こうある。

〈十一月一日、例の雪男見張り台へ到着しました。翌日には雪男の足跡を発見。長さ二〇センチくらい、歩幅は六〇～七〇センチくらいで平地を普通に歩いている感じ。この峰こそ彼らの通り道です。私の愛するたった一人の女性、京子ちゃんとのハネムーンは楽しいものでした。ここまでの道中、いつもあの新婚旅行で歩いた道すがらを京子ちゃんの思いがついてまわります。あれから八年、思い通りに京子ちゃんを幸せな生活にさせてあげられませんでしたが、とにかく雪男、子供の時からの夢だったこいつをやりとげんことには死ぬにも死ねないんです。どうか私の心中を察してください〉

一年後、雪崩の巣とみられるキャンプ跡から白骨化した遺体が発見された。正しくは、白骨化した夢が——。

平成元年、京子ら一家は千葉から御殿場に移った。姉が経営する洋裁店の仕事を手伝って二人の子を育てるためだ。大陸も千花も、父親によく似た少年少女になった。京子は大陸を見送る車中で「どうやら、オーストラリアよりネパールに行きたいらしいんですよ」と笑った。夢はまさしく子らに受け継がれている。埋没するなかれ、おのれを表現せよ——父親は最後の最後まで、子らにそう語り続けて逝ったにちがいない。

第五章　運命のウルタル２峰

長谷川恒男

1

パキスタン北方地域、フンザ川の右岸、標高二五〇〇メートルの南向き斜面に開けたカリマバードの村落は、かつて「シャングリラ」「不老長寿の桃源郷」などと呼ばれたフンザ王国の核心地である。晩春、高台にはまだアンズの花が残り、その下にはナシの花、そして天をつくポプラの新緑。旅籠（ホテル）のテラスに椅子を出して、雲の去来するなか、見え隠れするカラコルムの山々を眺めていると、谷間のオアシスからひっきりなしに幼い子どもたちの叫び声が聞こえてくる。バザールの喧騒などとはまったく無縁の隔絶の地ではあるが、まぎれもなくここは、人々が気の遠くなるほどの歳月、住み親しんだ土地であるとわかるのだ。

子どもたちの悲しいくらい澄んだ声に、静寂の気配がかえって深まる。晴れた空がにわかに曇り、ほんの十数分、強い雨が降ったあと、谷に盛大な虹がかかった。

村落の背後に向かって右側、岩山に鋭利な刃物で叩き割ったような荒々しい裂け目が見える。ウルタル谷はそこから始まる。谷の奥に羊の放牧地があり、やがてウルタル氷河に達し、目のくらむような大岩壁が立ちはだかる。谷を伝って標高三三〇〇メートル、羊飼いの小屋のある台地まで行く途中、しばしば、豊かで清冽な流れに出合う。氷河から水を取る水場である。あるときは伏流となり、ある場所では細密に石が組まれ、明らかに、長い年月かけて建設されたものだ。

放牧地で汚染されることのない清らかな水が、人々を風土病から守り、長寿の因のひとつになっている、と聞いた。カリマバード滞在中に訪ねた長老の家では、濃厚で冷え冷えとしたアンズのジュースを振る舞われ「フンザの民にとってウルタル谷こそは生命の泉なのだ」と教えられた。

その谷に別の名があると知ったのは、フンザからの帰途、ギルギットのバザールで一二〇万分の一地図「カラコルム　マウンテニアリング・アンド・トレッキング・マップ」を手に入れたときだ。等高線のない、山稜と谷と氷河、それに心細いルートを線で示しただけの素朴な地図だが「ウルタル・ヴァレー」の表記の下にカッコつきでもうひとつ「デス・ヴァレー」（死の谷）とある。

長年、フンザに生命をもたらしてきた谷になぜそんな別名があるのか、本屋の店番をしていた若い男に聞いたが「知らない」という。

ギルギットから四輪駆動車で二日かけてラワルピンディへ。翌日、その隣り、パキスタンの首都イスラマバードへ行く。町外れの住宅地に、ナジール・サビールを訪ねた。

一九五三年、フンザの北限に近いラミンジーという小さな村落に生まれ、九歳のとき、カリマバードの下、フンザ川沿いの村アリアバードに移って小学校に入り、中学、高校をギルギットで卒業、一九七〇年以来、ラワルピンディに移る。八六年、イスラマバードで、カラコルムの山々への各国遠征隊やトレッキング旅行のためのオフィス「ナジール・サビール・エクスペディションズ」社を興した。濃い眉、たくましく張った顎、真一文字に引き結んだ唇、氷雪と烈風に磨きあげられた肌。パキスタン人としてただ一人、八〇〇〇メートル峰の頂を四度にわたって踏んだ、この国最高のアルピニストである。ラインホルト・メスナー、ダグ・スコットなど世界一流の登山家と行をともにしたこともある。

ひとしきり「フンザ人の魂」について語ったあと、ナジール・サビールに「死の谷」のことを聞くと、こう答えた。

「百年から百五十年前、ウルタルの谷では長年にわたる水道工事中に、落石や雪崩に打たれて数十人もの死者が出た。以来、あの谷にそのような名がついたと長老に聞いたことがある。おそろしい谷は、死者によって生命の谷となったのだ」

一九九一年十月十日、その生と死の谷で、長谷川恒男というクライマーが命を落とした。

ナジール・サビールに聞く。

――一九七〇年、フンザを離れてラウルピンディに移ったのは？

「大学に入るためです。入学して三カ月で退学しました。山を登るのに忙しくて、大学へ行く暇がなかった。それでやめさせられたんですよ」

サビールは笑ってそれ以上語らなかったが、彼とはもう二十年来のつきあいを続けている登山家・パキスタン研究家の広島三朗によれば「日本でいう大学紛争のようなことがあって、それで幻滅してやめた。もともと、反体制の人物なのだ」そうだ。

――日本人との縁ができたのは？

「一九七四年、新貝勲さんの率いるパスー・ピーク（カラコルム、七二八四メートル）遠征隊に加わったのが最初です。本格的な遠征隊の経験もあれが初めてだった」

――七五年にはパキスタン・ドイツ隊の一員として、登頂はできなかったがナンガ・パルバットの六五〇〇メートルまで登っていますね。翌年は、パイユー（六五九九メートル）にパキスタン人として初登頂。

「七七年に、やはり新貝さんたちとK2へ行った。私は第一次登頂隊員に選ばれたが登頂できず、そのあとでアタックした広島さんたちが頂上に立ちました」

――長谷川さんと知り合ったのは？

「八一年、私が招かれて初めて日本に行ったときです。大谷映芳さんがアレンジして、早稲田大学の近くで会った。長谷川さんがパキスタンの山に興味を持っていて、それでいろいろと私から話を聞きたい、ということだったと思います」

――第一印象はどんなふうでしたか。

「誇り高い、とても自負心の強い人だ、と感じました。私は日本語がしゃべれないし、長谷川さんは英語ができない。だから、直接言葉を交わすことはなかったんですが、そういう感じは話せなくとも伝わってくるものです。ときに誇りが高過ぎる、自負心が強過ぎるとさえ感じた」

――彼がソロ・クライマーであることを知っていましたか。

「はい。七七年にマッターホルン、七八年アイガー、七九年にグランド・ジョラスの北壁の冬季単独登攀をやったことを聞いていました。パキスタンの山にも、できればソロで登りたい意向を持っていましたね」

――八一年というと、あの人は三十四歳。

「野心とプライドにあふれていた。以後も連絡をとりあい、八四年、ナンガ・パルバットへ行ったとき、私がリエゾン・オフィサーとして同行しました」

――そのときの印象を話してください。

「第一に高所で強いということ。第二に登攀技術が抜群に優れていたこと。ルート・ファインディングの的確さといったら、驚くくらいだった。何よりも意志の強さ。私も、世界的に有名な登山家といっしょに何度も高い所に登っているが、そういう人たちと比べても、長谷川さんは一級のクライマーでした。ナンガ・パルバットは不運にも失敗したが、この人なら必ず八〇〇〇メートルの頂上に立てる、間違いなくサミッターになれる、と確信した」

――しかし……。

「そうです。あの人は、ヒマラヤではとうとう不運のまま終わってしまった」

2

長谷川恒男という登山家が、初めてヒマラヤに入ったのは、一九七三年の第二次RCCエベレスト登山隊の一員に選ばれたときである。しかし、登山が始まって間もなく、ウイルス性肝炎にかかってカトマンズの病院に入院する。同じころ、たまたまカトマンズに立ち寄った広島の回想。

「神奈川岳連の登山隊でローツェに行っていて、帰りにカトマンズに寄ったら日本人が入院しているという。ちゃんと会って話したことはないが、名前は聞いて知っていたんで、見舞いに行きました。治りかけていたんだけど、肝炎なんかやっちゃったら山はもう駄目だ、という気持ちがこっちにあったから、そんな感じが言葉にも出たんでしょうね。初対面なのに『残念だけど、もう駄目だな』くらいは言ったかもしれない。多分、カチンときたんじゃないですか。ところがあのあと、りっぱに登った。しかも、病院で会ったときは『何をいうか。オレは登ってみせるぞ』なんてようすは見せず、ただ静かにしているだけだった。もっとも、何年かたったあとで酒を飲んだときカトマンズの病院での話になって『なんか態度のでかい人が来たのを覚えていますよ』なんて言っていましたが……」

見舞客の前では何も言わなかったが、悶々としたなかで執着心は燃えさかっていた。それが証拠に、退院後「ベースキャンプに来い」と連絡が入るや喜び勇んで戦列に復帰し、荷上げ、サポート活動に大活躍する。「RCCらしいエベレストを登る」をテーマに、未踏の南西壁を登るはずだった隊の方針が最終段階で変わり、南西壁を放棄、サウス・コル、ノーマルルートからの登頂に切り換えられた。日本山岳会というエスタブリッシュメントではなく、街の山岳会を寄せ集めて作った初めての大遠征隊としては、スポンサーに対して何かひとつ「果実」を持って帰らないことには顔向けできない、という苦渋の決断による。

未踏の壁に胸を躍らせていた長谷川は、加藤保男、石黒久のアタック隊サポートの役目を与えられ、シェルパ二人とサウス・コルまで登って、登頂後、遭難寸前の状態に陥っていた二人を単身出迎えて収容した。このとき、疲労困憊した二人をどうやって下山させるか、をめぐってベースキャンプとのトランシーバー連絡のため、死の匂いのするサウス・コルのキャンプを出ては、風雪のなか、何度も何度も交信可能地点まで往復するという苦行を強いられている。

登頂した二人は、自力で行動できる状態ではなかった。長谷川はもちろん動ける。サウス・コルのキャンプに、その二人と長谷川、シェルパ二人が集まったが、小さいテントに五人は入りきれない。行動の余力を残した者が下降してテントにあきを作り、その間に下から登ってくる別のサポート要員にアタック隊員の収容をまかせたらどうか、と長谷川は主張する。ベースキャンプはそれを許さず、どうあっても登頂者二人を連れて下りろ、という。名誉ある登頂者を無事下山させたい、それがすべてに優先する、地獄のサウス・コルでひと晩過ごさせるわけにはいかない、と考えたのだ。結局、長谷川の主張が通り、第三キャンプへの下降に許可が出るのだが、このときのやりとりは、心の外傷となって残ることとなる。

長谷川より一歳下の宮地由文が語る。のち、登山教師・長谷川の教え子たちが集まって作ったグループ「U―TANクラブ」の創立メンバーの一人だ。

「サウス・コルにいたとき、下の方での無線の交信で『長谷川を殺してでも、あの二人を生かせ。とにかく下におろせ』といった意味のことを言っているのを聞いた、などと話したことがある。本人に聞こえるかもしれない無線でそんな話をするはずはないと思うのだが、そう聞いたという。よほど無念だったのだろう。そんなことがほんとうにあったのかどうかは別にして、よくよくの傷となって残ったのだと思う」

「長谷川を殺しても……」は、無念の激情のなかで聞いた「そら耳」だったにちがいない。登山隊の成否はサミッターの無事下山にかかっていると思いつめたベースキャンプの口調が「オレは捨て石なのか」とこの人物のなかに屈折をもたらしたことは容易に想像できる。以後、彼は組織や統制の下におのれを屈するのをきらって、単独登攀に入り込んでいく。それは、ごく自然な成り行きだった。力量がなければできないが、彼にはそれがあった。

サウス・コルで起こったようなことに幻滅感を持たず、耐えられる人もいる。何ごともなかったように、以後も組織のなかの一員であることを続け、ビッグ・エクスペディションに次々に加わることのできる人もいるはずだ。しかし、それができない者も厳然としている。長谷川は後者だった。

どのような経過の末であれ、エベレスト登頂者はオリンピックのメダリストのような扱いを受けるが、地獄の八〇〇〇メートルでそのメダリストを救出した人物の存在は、物語のなかに入ってこない。みずからを表現するためには、おのれ自身で危機を作り出し、そこから生還するほかなかった。

七四年三月、谷川岳滝沢第二スラブの単独登攀。七五年一月、屏風岩第一ルンゼから北尾根四峰正面、前穂高東壁から前穂高、奥穂高、北穂高、滝谷クラック尾根、槍ヶ岳、北鎌尾根にいたる単独行。そして七七年から七九年にかけてのアルプス三大北壁の冬季単独登攀と続く。

3

最後のグランド・ジョラス・ウォーカー・バットレスをめざしたとき、もう一人の日本人が同じルートの単独登攀を狙っていた。谷川岳滝沢第三スラブの冬季初登攀などで知られた森田勝である。

森田はこのとき、長谷川より十歳年長の四十一歳。第二次ＲＣＣのエベレスト登山隊員に選ばれ、その後、七七年、ナジール・サビールが加わったＫ２登山隊にも参加した。エベレストでは、クライマーとして狙っていた南西壁の登攀計画が放棄され、K2では、第二次アタック隊に回されたことを不満としてベースキャンプからの命令を拒否、下山するという反乱行動をとっている。長谷川同様、組織のなかではおのれを表現できないことをいやというほど思い知った一人だ。

結婚し、子どもが生まれ、山岳ガイド、スポーツ用品店のアドバイザーという仕事も軌道に乗り、生活は安定しかけていたのだが、長谷川がグランド・ジョラスに行くと聞いて、突如として「どうあっても登らねばならない」と思いたったのだ。

エベレストやK2では、自分自身の山登りをついに行なうことができなかった。そのあとは、ガイドの仕事に追われて過ごした。下界での生活が安定すれば、生と死の間を彷徨するような、極限の登攀をやる暇はない。

通常なら生活が実であり、人間の存在が許されない場所にさまよい込む行為はしょせん遊びであり虚である。にもかかわらず、ある種の人物にとっては、実が突然、虚に見えてしまうことがある。虚と悟った瞬間から、それ以前、虚であったものがのっぴきならない実となる。森田勝がまさにそういう人物だった。

長谷川に対する単純な対抗心、あるいは功名心とはちがう。おのれの実を表現しないまま、虚のなかに埋もれきってしまうわけにはいかないという、緊急の行動である。

このとき、長谷川を記録映画の撮影スタッフが追っていた。森田はそのことをしきりに語った。加藤保男の兄であり、ジュネーブに住んでガイドの仕事をしている加藤滝男と会った際にはこんなことを言っている。

「すっかりジャーナリズムに乗っちゃって、撮影隊まで引き連れている。そんなことをやられちゃあ、黙ってはいられないよ」

加藤の回想。

「妙に焦っているなあ、と感じた。もちろん、焦りは誰にだってある。私にもある。自分の年齢というものに対してだ。いつまで登っていられるのだろうか、としばしば考える。そういう焦りが、自分を突き動かすエネルギーになることもある。人間は年をとると、どうしても何かを追う身になってしまう。ある程度名前を知られて、その名前が上にいって、年を重ねていくと今度はその名前を自分自身が必死になって追う、ということだ。森田さんが長谷川という人物に対する格別の感情だけで動いていたとは思わない。自分自身のなかにある何か、それに突き動かされていたにちがいない」

長谷川より早く岩壁に取り付いた森田は、四時間後、転落して重傷を負い、ヘリコプターに救出された。五日後、登攀を開始した長谷川は、八日間にわたる苦闘の末、ウォーカー側稜を登りきって、世界中のアルピニストたちの間に名を知られることとなった。

そして一年後、森田は再びウォーカー稜に挑み、転落死した。

目に見えない絆というものがくっきりと浮かび上がってくる。

七三年、長谷川はエベレストでトラウマ（心的外傷）とさえ呼べる激しい屈折を経験した。そのとき、南西壁を断念させられた森田は、七七年、K２で第二次アタック隊に回されたのを拒否して頂上を放棄した。第一次メンバーに指名されたのがナジール・サビール。

隊員の一人がのちに語っている。

「第一次隊は実はあて馬で、本命は登攀リーダーを揃えた第二次隊だった。なのに、登攀リーダーの一人だった森田は、ルート工作の苦労をともにした自分の登攀メンバーから切り離され、第二次に指名されたのを怒ってあんな行動をとった」

長谷川と森田は七九年、グランド・ジョラスであまりにも対照的な明暗を描き、八一年、長谷川はナジール・サビールと出会って生涯を決するちぎりを結ぶ……。七九年、長谷川は間違いなく勝利者だった。加藤の言う「おのれを突き動かす、ある種のエネルギー」を必要とすることもなかった。翌八〇年、アンデス・アコンカグア北面ノーマル・ルート冬季単独初登攀。八一年、同南壁フランス・ルート冬季単独初登攀。八二年、パタゴニア・フィッツロイ北東壁新ルート試登。クライマーとして、絶頂の時期。周辺に崇拝者が群がる。

4

八三年、U—TANクラブを率いてダウラギリ1峰をめざすが、登山申請などの手続きに手間どったうえ、隊員の一人が病死して失敗する。八四年、プレ・モンスーン期にナンガ・パルバット南西稜をめざし、敗退。同じ年の秋、今度は中央側稜からナンガ・パルバットに挑んでこれまた失敗。ナジール・サビールがリエゾン・オフィサーをつとめたのはこのときで、登山申請許可をとるために六人編成の隊だったが、他の隊員は三七〇〇メートルのベース・キャンプに留まり、それから上は完全に長谷川のソロ・クライムだった。

記録によれば、このナンガ・パルバット単独登攀こそは、長谷川恒男というクライマーの凄さを物語るといってよい。

十月一日、ベースキャンプに到着。そこから単身、二〇キロの荷を背負って四九〇〇メートルの台地にかつぎあげる。翌日、五一〇〇メートルまでルートを延ばし、荷物をデポ。ここをキャンプ・サイトとし、上部へのルート工作。四日目、五七五〇メートルまでザイルを延ばしたところで吹雪に阻まれ、ベースキャンプに下りて休養。

十月十三日、再スタート。ザイルを撤収しながら登り続け、五七〇〇メートルでビバーク。以後、ルート工作、荷上げの繰り返し。六七〇〇メートルに達したところで、十八日、またベースキャンプへ。

十月二十日、みたびベースキャンプを出発。八時間かけて五九〇〇メートルの前進ベースキャンプに到達する。翌日、翌々日と風雪のため停滞。

長谷川はこう書いている。

〈ヴェルツェンバッハ氷田の氷河の段差を越えるには、垂直に近い氷を登らなければならない。確保してくれる者がいない恐ろしさと、かぶりぎみの氷の凹角を登る難しさとに必死の思いである。ようやく上部にルートを拓き、ヴェルツェンバッハ氷田の台地にたどり着いたときには、息もたえだえの状態であった……〉（『山と溪谷』八五年二月号。以下同じ）

三カ月前、はじめてナンガ・パルバットのベースキャンプに入ったとき、隣りに日本ヒマラヤ協会（ＨＡＪ）隊の四人がテントを張っていた。長谷川はひと足先に山を去ったが、その後、四人全員が行方不明、という知らせが届いている。

〈メルクル氷田まであとわずか、というところで、ＨＡＪ隊の（残した）ザイルが途切れていた。五〇メートルザイルがたれ下がり、ぐにゃぐにゃに曲がったスノーバーが岩にひっかかっている。少し離れた岩角には、ヤッケのフードらしきものがひっかかっているのが見える。これから先、彼らの痕跡はまったくなかった……〉

強風が吹きすさび、凄惨の気たちこめるメルクル氷田。約十時間でその入口付近までザイルを延ばし、前進ベースキャンプに下降する。途中では風に吹き飛ばされぬよう、這って下りた。

一日、休養してまた登りなおす。九時間かけて六九〇〇メートルに達した。午後六時、メルクル氷田の入口に着き、ビバーク。ほとんど眠れずに一夜を過ごす。

翌日、上部をめざしたが、氷河に阻まれ、六九〇〇メートルまで下ってトラバース。氷河の中央部を登りなおす。七三五〇メートルまで登ってまた六九〇〇メートルまで下りる。

夜半から地吹雪。ホワイト・アウトのヴェルツェンバッハ氷田を脅えながら下降し、前進ベースキャンプにたどり着く。

十月二十九日、出発。ヴェルツェンバッハ氷田では胸までのラッセルに苦しむ。十時間をかけて六九〇〇メートルへ。

十月三十日、出発後八時間。七五五〇メートルのメルクル・リンネ入口に二時間かけて雪洞を掘る。すぐわきを雪崩が流れていた。

〈羽毛服に羽毛のズボン、靴をはいたままの状態でザックの上に座りこむ。マイナス三〇度までしか表示されていない温度計の目盛りをはるかに下まわる赤い水銀も、縮こまっている。猛烈なこの寒さは、かつて体験したことのないものだ。体をリラックスさせ目を閉じると、意識を吸いとられるように気が遠くなっていく。そして幻覚が次々と私を襲ってくる。何かが体から引き抜かれ、白い糸が伸びていくようだ。このままにしておいたら死んでしまうのではないか、そう頭のなかで考えながら、必死でもがいている……〉

翌朝、日の上がらぬうちに行動開始。メルクル・リンネに入り込むと、周囲からしきりにサラサラという音が聞こえる。ルンゼの中心にヘッドランプのライトを向けて、それが雪の雪崩れ落ちる音とわかった。雪洞に引き返す。二時間待つ。新雪が絶えまなく雪崩れていく。ついに登攀を断念。

視界が開けていれば、この地点からベースキャンプが見える。そこで、ナジール・サビールは長谷川の惨憺たる苦闘、しかし、断固たる決意にもとづく美しい闘いを見届けた。長谷川というクライマーに対するフンザ人の評価が、ここで定まったのだった。

登ってルート工作、下って荷上げ。ソロ・クライマーの苦痛がきわまるときには、すべてがまったくの徒労としか思えない。虚無的なまでのこの昇降の繰り返しは、すでにアルプスの暗い壁で充分に経験している。しかしここは、標高六〇〇〇メートル、そして七〇〇〇メートル。人間の存在そのものが、そもそも許されていない場所である。ここにおいては、死は必然当然であり、生は単なる偶然でしかない。

そういうところで、クライマーは登り、下り、すり減っていくおのれの生命を凝視するのだ。

対価を求めてできる作業では絶対にない。行為のあと、登山者にしか与えられない無上の悦楽がかりに訪れるとしても、その喜びとひきかえにするにはあまりにも死に接近し過ぎる。心細い生にしがみついて登り、下っている間、行動者の内部は轟々と燃えているはずであり、それがなければ生き延びることは不可能だが、燃える炎が純で盛大であればあるほど、まさにそれゆえに、行為はぐんぐん、ぐんぐんと虚無に近づいていく。長谷川は、そういう領域に踏み込んだ状態を「何かが体から引き抜かれていく」と表現した。

人間の能力を、単純に計量化することはできないが、おそらく、クライマー長谷川恒男がおのれの能力の頂点をきわめた、ナンガ・パルバットの敗退。

5

八三年九月、長谷川は篠宮昌美と再婚している。昌美は慶大法学部政治学科卒、もと雑誌の編集者、記者。登山の経験はまったくなかったが、三大北壁を登ったころ、インタビューしたのが縁でU―TANクラブに入り、以後、よき生徒、よきパートナー、よき理解者、それ以上に最高のマネジャーとなって夫の活動を助けた。アルパインガイド長谷川事務所を切り盛りし、海外登山の場合は、登山許可申請の文書のやりとりや現地での交渉など、英語の力もフルに発揮した。その昌美が語る。

――八三年にダウラギリ1峰で隊員一人を失い、八四年には性急とさえ見えるんですが、ナンガ・パルバットに二度行って二度とも登れなかった。そして八五年、チョモランマ（エベレスト）。ここでも隊員を一人アクシデントで亡くした。なぜ、もう一度エベレストだったのでしょう。

「七三年のRCCII隊で行ったとき、自分は四十八人（全隊員）のなかの歯車のひとつみたいなことになって、やはり挫折感があったのでしょう。その挫折をひっくり返すために、単独の方向に自分の活路を見出した。それをやりながら、いつかはヒマラヤへ、と考えていたのだと思います」

――RCCⅡのエベレストについては、どんなことを言っていましたか。

「何度も何度も言っていたので、今となってはかえって……。登頂した二人をサポートしてサウス・コルまで下りてきたあと、ベースキャンプの隊長との間でずいぶんとトランシーバーの交信があったんだそうですね。二人はもうこれ以上歩けない、しかし、下からはとにかく二人を下ろせ、と言ってくる。そのときのやりとりを、お酒を飲んだりすると何度も何度も話していました」

――どういうふうに？

「やっぱりくやしかったんじゃないでしょうか。隊長に対する個人的な不満ということではなくて、若かったころ、やりたかったことを果たせなかった、そのことが……」

――……。

「決定的な部分というと、サウス・コルで『とにかく二人を無事下に下ろせ、長谷川はどうなってもいいんだ』といったような意味のことを、下の方同士の交信で話しているのが聞こえてきたとか、そういう話を何度かしたことがあります。まだ若かったし、極限状況のなかでそう聞いたと思い込んでしまったのかもしれません」

――そして単独登攀に入っていった。人といっしょにいたくないという、人間嫌いで単独行にいく人もいますが……。

「まったくちがいます。けっしてそうではありません。エベレストでのことがきっかけにはなっていますが、もうひとつ、パートナーがいなくなってしまった、ということもあると思います。自分に絶対の自信を持っている人でしたから、技術や強さが対等の人といっしょに行くのならいいんですが、そうでないと……」

――もしもあのとき、肝炎を患わず、実力を買われて組織の頂点に押し出され、登頂隊員に選ばれていたら、その後の人生は？

「変わっていたかもしれませんね」

もう一人の証言。崇拝者に囲まれた姿をずっと眺め続けていた、年齢もほとんど同じの宮地由文。

――初めて長谷川さんに会ったのは？

「山登りは中学生のころからやっていて、駒沢大学に在学中、岳蒼会という山岳会を作ったりしたこともありましたが、本格的に始めたのは七三年、ガイド協会が穂高でやった登山学校で長谷川さんに教えてもらったのがきっかけです」

――第一印象は？

「つっぱったお兄さん、という感じでした。涸沢までジーンズのラッパズボンにゴムぞうりで上がってきたり。ただ、途中でスイカを食べたとき、誰かが『みんな自然に戻るんだ』とか言って捨てたゴミを、一人で一所懸命拾っているのを見ました。あの姿が印象的だった。教え方はハードでしたが、登り方は抜群にうまい。酒を飲んで話すうちに、あの人の人生観に引かれていき、それからＵ－ＴＡＮクラブ結成にいくわけです」

――人生観というと？

「異常なさびしがり屋でおっかながり屋、それゆえに求道家。単独登攀で自分に負荷を与えていく。三大北壁をやって有名になるにつれ、人間形成ができてきたな、という感じがありましたね。思慮深くもなったし」

――身近に崇拝者が集まり、有名にもなり、三十代の後半にも入った。それでなおヒマラヤに突っ込んでいったのはなぜですか。

「酔うと『オレは外でいじめられている。お前ら（U－TANクラブの仲間）だけが頼りなんだ』なんて言っていましたね。一種の避難場所だったのかもしれない。アルプスの三大北壁を登った。冬季単独では初ですね。しかし処女ルートではない。夏に登られているところを、冬だ、単独だという付加価値つけて登っただけじゃないか。ある有名な山岳会にそう指摘されたことがあります。ひどく憤慨していましたよ。で、ヒマラヤ、それも単独でバリエーション・ルートを狙った。あの人としては、常に新しいこと、難しいことに対峙していかないと生きていけない、ということだったのでしょう。

何百人という教え子がいて、講習会だ、講演会だと引く手あまたになった。『オレ、最近は全然記録なんか作ってないのに、これだけ集まるんだぞ』と言う。言われた方が『過去の栄光だよ』と言い返す。冗談めいたやりとりですが、言ったあとで『過去の人になってたまるか。何かをやるぞ』と追いつめられていく。もう現役じゃない、と言われるのは何よりの屈辱であって、体が動くうちは狙い続ける。ただ、『どっかでやめよう』と考えたことは確かにあると思うんです。体力もずいぶん落ちていましたからね」

八五年、チョモランマ北東稜、失敗。八七年から八八年にかけてチョモランマ北面新ルート・北東クーロワール（冬季）失敗。八八年、チョモランマ北東クーロワール（冬季）失敗。そして九〇年、未踏峰第三位（当時）のウルタル2峰（七三八八メートル＝冬季）頂上直下三〇〇メートルで敗退。翌九一年、再度、ウルタルを攻撃。

このクライマーが組織者と戦略家、そして歩兵を持つ登山隊に加わっていれば、最高の頂上攻撃要員、サミッターに何度でもなっていたにちがいない。なにしろ、死がすり寄ってきてクライマーをじっと見つめているナンガ・パルバットで、最後の最後まで虚無的なまでの登り下りをやめなかった人物なのだ。

だが彼はそうせず、それゆえに敗退を繰り返し、ヒマラヤの頂上に一度も立つことなく、四十代に踏み込んでいた。しかも、頂上を仰ぎ見ることをついに放棄しなかった。

6

ナジール・サビールが語る。

「ウルタルを薦めたのは私です。カリマバードの村落の近くにあって、しかも困難な山。なによりも未踏峰。実はこの十年来、私自身がずっと狙い続けていた山だった。フンザの未踏峰はフンザ人が登らなければならない、これこそは自分自身の山だ、と考えていたのです。その夢を果たすために、長谷川さんの卓越した技術、経験を借りたかった。話をすると、困難で未踏という点がすぐ気に入ったようでした」

八九年、偵察。ルートをウルタル谷からと決め、九〇年、第一回のアタック。パートナーに恵まれなかったクライマーだったが、このときは星野清隆という頼もしいパートナーを得た。体力、精神力ともまれにみるものを持ち、もちろん高所に強い。四十三歳にして長谷川が得た生涯最高の人材だった。

標高二五〇〇メートルのカリマバードからウルタルの谷に入り、標高三三〇〇メートル、放牧小屋のある台地まで約三時間。そこがウルタル攻略のためのベースキャンプとなる。ナジールの言うとおり、非常に近い。むしろ、近過ぎる。

しかし、もっと高いところに根拠地を設営しようにも、そこから先は威圧的な量感で切り立った大岩壁。ウルタル氷河を越えたところから、もう岩壁登攀となる。上部は鋭いピークが乱立し、複雑きわまりない地形をなす。這い上がろうとする人間に向かって、ひたすら挑戦的な山容。

下に向かって鋭い裂け目はあるが、井戸の底のような台地のベースキャンプ。ほとんど一定の間隔を置いたように、遠く、近くで不気味な音が響く。氷河の崩壊か雪崩、あるいは、岩の崩落。砂漠地帯のここは日中と夜間の温度差が大きく、岩は風化して常に崩れているのだ。昌美によれば、岩壁上部で雪崩が発生すると、ベースキャンプ要員は大急ぎでテントの外にある物をかたづけねばならなかった。時間を置いて大爆風が台地を襲い、何もかも吹き飛ばしてしまうからだ。

九〇年、あと三〇〇メートルと迫りながら極悪の風雪に襲われ、登頂を断念して帰る途中、星野が足を骨折するという事故が起こった。雪洞でビバークし、六〇〇〇メートルの第三キャンプまで二時間で行けるところに六時間を費やした。文字どおりの敗退。そして、偶然に近い生還。

翌年、再度の挑戦。豊富な経験、高度の技術にはいよいよ磨きがかかっているが、その年の十二月には四十三歳になる。程度の差こそあれ、肉体の衰えは隠すべくもない。誰よりも当の本人に無念の自覚があるはずなのに、この人物はなぜ執着をやめなかったのか。

グランド・ジョラス・ウォーカー側稜で死んだ森田勝と同じ年ごろ。そして、高みを仰ぎ見ることをけっしてやめない、という点において同じ姿勢。

ウルタルに同行した隊員の一人、太田健児が語る。

「長谷川さんの職業はアルパイン・ガイド、山登りでした。ただし、お客さんと登る山は、自分の山登りではないんですね。山を仕事にしていると、たまに自分自身の山登りをやらないことには、山そのものが嫌いになってしまいそうになる。よくそう言っていました。これだけ愛した山を嫌いになりたくない、という気持ちがあったのだと思います。お客さんの前では演技をすることもある。ヨーロッパ・アルプスなんかでおばさんたちを楽しませるために野点をやったりした。日本から抹茶と茶筅を持っていくんですよ」

7

九月十二日、ベースキャンプに隊員が集結。十四日、目前の大岩壁を登って四九〇〇メートルに第一キャンプを設営。以後、長谷川、星野が先頭に立ってルート工作。第二（五五〇〇メートル）、第三キャンプ（六〇〇〇メートル）と延ばしていく。岩と氷の崩落で、前年と地形、山容の一変したところが何箇所もあった。

十月六日、第三キャンプに長谷川、星野、太田、ナジールの四人が集結した。以下、ナジールと太田が語る。ナジールは日本人女性と結婚して日本語を多少話すが、こみ入った話になると英語に頼る。太田は英語が堪能で、しばしば長谷川とナジールの間で通訳をつとめた。

――十月六日夜のことを話してください。

ナジール「太田が鼻に凍傷を負った。長谷川、星野の二人は連日の過酷なルート工作で疲れきっている。明日は第二キャンプに下りて休養することにしよう、と決まった。その晩、私と長谷川さんは議論した」

――何について？

ナジール「ルートのことだ。第二キャンプと第三キャンプの間に懸垂氷河の下、垂直の壁を登るところがある。私はそこが怖くてならなかった。あそこは危険過ぎる、氷河の下を避け、ルートを稜線に変更したらどうか、と言って議論になった。最後、長谷川さんが『私が選んだルートだ。予定どおり行く』と言い、私もこれほどの人がみつけ、そして執着するルートだと思い、同意した」
太田「垂直の壁を登るのは二〇メートルほどなのだが、下はウルタル氷河まで、数百メートル、一気に切れ落ちている。下から上がってきたナジールさんは『アイブ・ネバー・シーン・サッチ・ア・ディフィカルト・ルート』と言っていた。長谷川さんはどっちかというと、その難しいルートを登ることに芸術家のような快感を味わっていたと思う。これ以上いいルートはない、要するに、美しいルートなのだ、ということだった」
ナジール・サビールはフンザの、そしてパキスタンの英雄である。九二年、ガッシャブルム1峰（ヒドン・ピーク）で悪天候に阻まれ、登頂を一度は断念した隊長を強引に説得してアタックを試み、成功している。ニュースを報じたパキスタンの新聞は彼を「鉄の意志を持つ豪胆の男」と書いた。そのナジールが脅えている。

議論は、疲れきった男たちが休養のために下りた第二キャンプでも七、八、九日と続いた。ただし、前半は議論というより夢がテーマである。

ナジール「長谷川さんも私も、食べていくだけのものはなんとかなるようになった。これから先は、何か世の中のために力を尽くそう、という話で盛りあがった。フンザの教育程度は高い。十八歳以下でいえば、ほとんど百パーセントが学校教育を受けている。そうしないことには生きていけないのがフンザの生活なのだ。谷での農産物だけではみんなを養っていけない。斜面に作った段々畑、高地での牧畜しかないのだ。産児制限はうまくいっていなくて、あいかわらずどの家もたくさんの子を抱えている。だから、フンザの子は外の世界に生きる道をみつけなければならない。そのためには、生活が苦しくても教育が必要だ。私たちは、そういう向上心をフンザ・スピリットと呼んでいる。国土の狭い日本人には、その辺を理解してもらえると思う。長谷川さんは言った。『われわれの力で、フンザの少年たちのための奨学金制度を作ろうじゃないか』。私はうれしかった。話は具体的な計画にまで及んだ」

話がはずんだ末に議論が始まった。十日、第一キャンプから第二キャンプに荷上げをする。雪崩の危険を避けるため、いつもは午前六時、遅くても六時半には行動を開始するのだが「どうせすぐ着ける。ゆっくり行くことにしよう。明日の出発は八時だ」と長谷川が言った。
太田「ナジールさんは『絶対に駄目だ。遅くなると、あそこは落石か雪崩が起きる。六時出発にしよう』と反対した。長谷川さんは『いや、十月に入って気温が下がってきた。雪が安定しているからもう大丈夫だ』と言う。そのとき、ナジールさんがぼくの方をみて『アンティって何?　アンシンのことか』と聞いた。『いや、スティブルという意味です』と答えたが、そのあとで不承不承だが納得した」
ナジール「第一から第二キャンプへ行く途中、ざっと一時間にわたって雪崩と落石のあるルートを通らねばならない。私は怖くてならなかったのだ。およそ四十五分間にわたって話し合った末、結局、長谷川さんの言うとおりにすることになった」
長谷川恒男という人物は、わが身を常に現在の真っ只中に置くために、行動を続けた。継続した行動のなかにしかアイデンティティーは存在しなかった。虚無の氷壁を攀じ登り、ホワイト・アウトの氷河上を彷徨し、手で触れられるほど近いところにうっそりと座り込む死の姿を眺めた。そうやって、死にギリギリと接近することで、おのれの命の躍動を生き生きと感じた。崇拝者を楽しませ、愛する山の中でときに演技をしながら、久遠の恋人との距離が遠ざかるのをおそれてヒマラヤに通いつめた。そして目前にそびえる懸垂氷河直下の垂壁。それこそは、生を証明する美に満ちていた。四十歳過ぎのクライマーの目にはそう映った。

躍動の生と、必然の死の間には一歩の距離さえない。

十日午前八時、第一キャンプを出発した長谷川と星野は、五三五〇メートル付近で発生した雪崩に打たれ、約四〇〇〇メートルのルンゼまで叩き落とされて死んだ。二十分遅れてキャンプを出たナジールが雪崩の発生を知って第一キャンプに戻り、変事を通報して遭難が確認された。

ナジールが語る。

――遭難の原因は、出発を遅らせた判断ミス、ということになるのですか。

「いや、ちがう。私も登山家だ。死者をいたずらにかばって話を美化するつもりはまったくない。しかしあれはミスなどという言葉で説明できるものでは絶対にない。デスティニーだ。クライマーのデスティニー。長谷川さんほどの人だからこそ、訪れる運命というものなのだ」

――ウルタルは運命だった？

「私はあの山のことを思いつめて、十年余を過ごした。研究もしたし、ウルタルこそは私の山だと考えていた。しかし、もうウルタルに指一本触れるつもりはない。長谷川さんの死によってウルタルの名が世界中に知られ、遠征申請が殺到している。九三年夏にはノルウェー隊が登るはずだ（七月、四人パーティが〝ハセガワ・ルート〟をたどり、五八〇〇メートルの第三キャンプに達したが、風雪のため敗退）。しかし、私は二度と登るつもりはない。なぜなら、あれは、永遠に長谷川さんの山になったからだ」

――あの技術と強さ、クライマーとしての力量は多くの人々から無条件で高く評価されていた。にもかかわらず、ついに彼はただの一度もヒマラヤの頂上を踏むことなく逝ってしまった。

「実は……」

――なんですか。

「八〇年代の初め、長谷川さんは日本隊に加わってＫ２へ行こうと考えていた。私にその話をした。だが、結局、加わらず、計画を断念した。組織のなかに入り込むのがいやだったのかもしれない。あるいはほかに何か理由があったのかもしれない。あの隊に入っていたら、百パーセント間違いなく、長谷川さんはサミッターになっていたろう。そして、あの人の人生は、まったくちがったものになっていたことだろう……」

その隊の隊員を選考したのは、小西政継である。たしかに、長谷川恒男の名は隊員応募者のなかにあったという。しかし話は進展せず、いつの間にか名前は消えた。ナジール・サビールは、それがこの希有のクライマーの運命の分かれ道になった、と考えている。

果たしてそうだったか。まず第一に、長谷川が一九八二年、日本山岳協会隊に身を投じる気になったかどうか。隊に加わったとして、チョゴリ（K2）八六一一メートルの頂上に立ってすべて完結したと満足し、以後、生死定かならぬ領域への接近行為をやめていたか。

クライマーは高みに身を駆りたて、必然の死のなかに踏み込んでおのれの生を確かめる。相応のところで折り合いをつけ得た人物は生き残り、そうでないものは生から死へ、当然の成り行きとしてふっと身を移す。クライマーが行動を貫徹する意志を捨てないかぎり、その先にはナジール・サビールの言う運命が待っている。

そういうことが、この希有のクライマーにも起こったのである。

ウルタルのベースキャンプを訪ねた日、日没寸前のほんの五分間だけ、前衛峰の向こうに薄い刃のように輝く七三八八メートルの頂を見ることができた。あえかに美しく、現実のものとはとうてい思えなかった。

第六章　風雪に砕かれたビジネス・キャリアの夢

難波康子

1

一九九六年十月十八日、生命保険会社の保全調査課長、難波賢一（四十七歳）は、会社の山友だちといっしょに井戸尾根から巻機山を訪れた。米子沢を登るつもりだったが、すでに雪がきていたのでルートを尾根にとり、手前の前巻機で長い時間を過ごした。

上部に美しい滑沢が数百メートルにもわたって続き、最後、池塘に出て終わる米子沢を、難波は若いころからことのほか愛していた。半年ほど前にもスキーを履いて一人で登り、下山後、温泉にゆっくりつかって帰っている。このとき、同行できなかった妻の康子（四十七歳）は帰京した夫にしきりに聞いた。

「どうだった、おもしろかった？　温泉宿では何を食べたの？」

夫が話して聞かせると、妻が言った。

「秋にまた行こうか」

夫が答えた。

「ああ、そうしよう。米子沢を登ろう」

学生時代、ロッククライミングや沢登り、山スキーから山に入り込んでいった夫に対し、妻は尾根を歩いて頂上に立つのを無上の喜びとする方だった。アプローチの仕方は違うが、十年前に結婚して以来、二人は折り合いをつけては週末のたびに山に入った。

賢一が雑誌に寄せた原稿のなかでこう書いている。

〈ほとんど毎週のように山へ行っていたような気がする。それはハイキングであり、縦走であり、普通の岩登りであり、アイスクライミングであり、沢登りであり、ゲレンデスキーであり、山スキーでありとなんでもやった。

康子は縦走やハイキングが好きで、岩登りやアイスクライミングはあまり得意ではなかった。だからバリエーション・ルートから頂上をめざすタイプではなく、一般ルートから頂上を踏むタイプだった。ごく普通の一般的な登山者だった。

彼女にとって、そして僕にとっても登山とはあくまでも個人的な楽しみ以外の何ものでもなかった……〉(『中央公論』平成八年十月号)

「秋に米子沢を登ろう」という夫婦の約束は実現しなかった。五月とはちがい、夫の十月の巻機行きに同行者はいたが、そのなかに妻の姿はなかった。

夫は、前巻機の頂上で自分がペンをとった雑誌の文章を読み返し、そしてこんな感慨に打たれたという。

「ここには何回も来たなあ……」

こうも考えた。

「人生には——こんなことが——起こるのか……」

2

難波康子は一九四九年二月七日、東京・大森に生まれた。六七年、普連土学園高校から早大文学部（英文学専攻）に進み、卒業後、インド連合通信東京支局を経て七四年、航空貨物会社フライングタイガー（現FedEx）東京支社に入社。以来、人事畑で働き、堂々のビジネス・キャリアを積んだ。もちろん、英語は堪能である。

山登りのよろこびを知ったのは学生時代だった。学内の山岳同好サークル「野歩《やぼ》の会」に入り、さかんに山に通った。「野歩の会」での友人の一人、加藤洪太が語る。

「あのころ、年間六十日くらいは山に行っていたと思う。北アルプスや南アルプス、東北の山にも行った。一週間くらいの日数をかけた縦走もやった。勉強がよくできて真面目。精神的、肉体的に強く、山で疲れて不機嫌になる、なんてことはまったくなかった」

もう一人、同じサークルの友人、宮本桃子が言う。

「その名のとおり、野を歩く会なので、高度な登山技術を必要とする山には行かなかった。でも、合宿ではいつも一番体力を必要とするパーティに加わっていた。体つきは痩せているのによく食べるし、とにかくタフで、男の人がバテても彼女一人は平気な顔だった。卒業後も二人でよく山に出かけたが、いつだったか、蝶ヶ岳、常念岳の予定で行ったのに、分岐で急に『北穂高に行こう』と言いだして変更したことがある。同じ尾根歩きでもより厳しい山に行きたかったのだと思う。この人はずっと山を続けて、いずれ海外にも行くのだろうと、漠然とではあるが考えていた」

折しも「日本人の山」には大きな変化が発生していた。

山田昇は難波康子より一年遅く、五〇年二月、群馬県沼田に生まれた。沼田高校山岳部で山登りを始め、川崎市で就職。山学同志会に入会している。山学同志会は五五年の創立。国内のバリエーション・ルートを次々に開拓し、たちまちのうちに精強の先鋭グループとなった。精強であるために鉄の規律を定め、新入会員には厳格な資格制度を適用する。会が認知したロッククライミング・ルートに点数をつけ、合計点数が基準に達しなければいつまでたっても正会員にしない。集会、講習会、合宿など定められた出席日数が足りない者も同様に資格を取得できない。精強中の精強、リーダーの小西政継は「山学同志会の改革」と題した文章のなかでこう書いている。

〈年に一回、春に新人を募集し、三十～五十人が入会してくるが、一年目の終わりにはこれが三、四人になってしまう（略）。厳しいトレーニングにほとんどの人が耐えられないからである。目がくらくらするような大岩壁にも、風雪の氷稜に一夜ころがしておいても、平気で耐えうるだけの鉄の男に鍛えあげねば、冷酷非情な岩と氷と雪の世界では活動できない……〉

戦後、日本の山岳界をリードしてきたのは、大学山岳部育ち、山のなかだけではなく、都会でも相応の地位を得たエリートたちが集まる日本山岳会だった。こうしたエスタブリッシュメントから「街の山岳会」「三人寄れば山岳会」などと一段低く見られていたアウトサイダー、ないしブルーカラーたちのグループは激しい反発心を育て、ひたすら戦闘的な方向をめざしていたのである。

山田はその山学同志会からすぐ姿を消した。当時の会員の回想。

「あのころの会には何かにつけて『で、お前、それと山と、いったいどっちが大事なんだ』と問いつめる空気があった。正解はひとつ、山、だ。生活の基盤を放棄してまでのめり込んでいく者が何人もいた。山田は当時、それにはついていけない、と考えたのだと思う」

のち山田は、七八年にダウラギリ1峰を皮切りにエベレスト登頂三回をはじめ八〇〇〇メートル峰十四座のうち九座を登り（うち五回は無酸素）、高所で最強の行動者、といわれるまでになるのだが、それほどの資質を持つ少年が、当時「鉄の規律」に背を向けたのだった。

より戦闘的な山登りを追求すれば「週末アルピニスト」ではいられなくなる。国内でさえそうだし、ヨーロッパ・アルプス、さらにはヒマラヤをめざすとなると、日本の勤労社会、実の生活からいやおうなしにはみ出していかざるをえない。実を拒否して虚の世界にのめり込んでいった人々が、内外の山ですぐれた登攀記録を残し、日本の登山史に勇気あふれるページを作り上げてきた。

その歴史に、変化が発生したのである。山田というたぐいまれな登高者が少年の日、初めてめぐり合った戦闘的集団から去ったのは、あとから振り返ってみれば変化の兆候のひとつだった。

変化は、別の方角からも発生している。五八年「第二次RCC」を起こした社会人山岳界きってのイデオローグ、大正十五（一九二六）年生まれの奥山章は、七一年「日本アルパイン・ガイド協会」を発足させた。就職、失業、転職を重ね、実の生活に適応しかねている登攀者たちにちゃんとした職業を与えたい、と考えたのだ。

学校山岳部や社会人山岳会に所属した経験がなく、アルピニストとして訓練を受ける機会のなかった、しかしアルピニズムに憧れてやまない人々に、こうして新しい世界、夢のようなチャンスが出現した。

ある雑誌の女性編集者は七九年、世界で初のアルプス三大北壁冬季単独登攀を達成した長谷川恒男をインタビューした際、登山という行為に興味を覚え、ガイドを依頼。ロッククライミングの経験がまったくなかったにもかかわらず、初めての山行で穂高・屏風岩のルートのひとつを完登した。のち長谷川と結婚し、彼がひきいる遠征隊の一員（ときに副隊長）となって何度もヒマラヤ、カラコルムに足を運び、オルガナイザーとして非凡な才能を発揮する長谷川昌美（現アルパインガイド長谷川恒男事務所代表）である。時代は移り、従来の登山界の枠組のなかでは不可能だった国内での困難なロッククライミング・ルートはもちろん、ヨーロッパ・アルプス、さらにはヒマラヤの山々にまで、山岳部や山岳会を経験したことのない人々が胸を躍らせて出ていくようになった。

有能なビジネス・ウーマン、難波康子もそのうちの一人だった。彼女もまた、長谷川恒男や加藤保男、和田昌平らを知って、目前に新しい可能性、歓喜の世界を開くことになる。八〇年、加藤保男のガイドでモン・ブラン（四八〇七メートル）に登った。八二年にはキリマンジャロ（五八九五メートル）、八四年はアコンカグア（六九六〇メートル）、八五年はマッキンリー（六一九四メートル）、九二年、エルブルース（五六四二メートル）と、各大陸の最高峰を次々に登った。

和田昌平が組織した隊でマッキンリーをいっしょに登った一人、鈴木好子が語る。

「体は細いが強い。最後は男性と同じ重さの荷を背負って登った。とくに高度への強さがズバ抜けていた。落ちついて愚痴を言わない。天候と疲労のため、隊員たちのなかからこれ以上登るのはやめようという声が出た。頂上とほぼ同じ高さの稜線に出たとき『これでもういいよ』と言ったら、康子さんが『ここは頂上ではない』と言いきり、おかげで頂上を踏めた。仕事と家庭、そして山をすべてりっぱにやり抜いた人だ」

マッターホルンなどを登ったアルパイン・ガイド、中島政男も言う。

「持久力があり、コツコツと辛抱強く登るタイプ。マッターホルンのときは天候が悪く、ふだんの倍も時間がかかったが、淡々とついてきてくれた」

加藤保男を囲む会「エベレスト・クラブ」で知り合った難波賢一と八七年に結婚。ともにしっかりした実の生活を持ち、登り方に違いはあるにせよ山への関心を共有する二人は、結婚後、四年ほどの間、ヨーロッパ・アルプス行きを重ねた。賢一が言う。

「あれは八九年だったか、シャモニで僕は友人に出会い、おおいに飲んだ翌日、康子とモン・ブランに登った。二日酔いのせいで体調が悪く、一時間も遅れて頂上に立ったのだが、康子に『だらしないわねぇ』と言われてしまった。やがて、僕の方は外国の山へ行くほどの休暇をとれなくなった。康子の会社は外資系だから、休暇に関する哲学が違う。そういうわけで、康子一人が外国行きを続けることになった」

九三年、ヴィンソンマシフ（南極、五一四〇メートル）、九四年、カルステンツ・ピラミッド（西イリアン、五〇三九メートル）。これで七つの大陸の最高峰のうち、六つまで登ったことになる。その先にはただひとつしかない。世界最高峰エベレスト（八八四八メートル）である。

もう一度、賢一。

「いつからエベレストについて語るようになったのか、はっきりした記憶はない。しかし、初めてモン・ブランを登った日からすでに、視線の延長線上にはエベレストがあったのだと思う。『行きたい』と言った康子に『子どもを生んでから（残してから）行ってくれよ』と冗談で言ったのを覚えている。いよいよ具体化したときには『康子、うまいこと、やったなあ。いいなあ』という気持だった……」

子どもを得る前に、康子のエベレスト行きは実現した。

3

七〇年代から八〇年代にかけて起きた変化は、日本だけのものではなかった。大規模な遠征隊を組織し、そのなかのほんのわずかの登頂メンバーに頂上を踏ませるために他の大部分の隊員が荷上げ、キャンプ設営、ルート工作など下積みの作業に献身するというヒマラヤ登山の定型はもはや過去のものになりつつある。プロフェッショナル・ガイドが一般から参加希望者を募り、強力で有能なシェルパの力を借りて、本来、遠征隊に加わるチャンスのない者に登頂の歓喜を提供するという「公募隊」が、今やヒマラヤはじめ高所登山の多数派といってよい。難波康子のエベレストは、ニュージーランドのすぐれたアルピニスト、ロブ・ホールが主宰する「アドベンチャー・コンサルタンツ」社の募集に応じたものだった。

山岳ツアー・コンサルタント会社「ウェック・トレック」の代表取締役で、康子のホール隊参加を手配した貫田宗男が言う。

「スポンサーに頼らず、すべての費用、リスクを自分自身で負担し、自分の好きな山に登る公募登山は、登山の原点であると思う。スポンサーのために無理をする必要はない。難波さんはまったく無名の登山家だったかもしれないが、純粋に『山を楽しむ』人だったから、有名になる必要もなかったのではないか」

かつて、ヒマラヤに行くには隊の編成、登山許可の取得、物資の調達、それにともなう膨大な資金を得るためのスポンサーとの折衝、シェルパとの契約など、気が遠くなるほどの準備が必要だった。隊員は自己負担金を払いながら登頂隊員になれるという保証はない。単なる荷上げ・工作要員の下働きで終わる方が多い。

公募隊は違う。遠征にともなう雑事のすべてを主催者側がやってくれ、参加費を支払った隊員は自分自身の体力・気力があるかぎり頂上まで導いてもらえる。その間に存在するのは「契約」であり、組織のなかの屈折した人間関係ではない。ヒマラヤ登山はかくてまったく異なる時代を迎えた。

難波賢一が語る。

「エベレスト隊の参加費はたしか六百万円ほどだったと聞いている。それ以前も今度も、費用はすべて康子が自分の収入から支払った。ふだん、格別のぜいたくをしているわけではない。生活は質素なものだった。問題は休暇をとることだった。長い休暇をとるためには、休んでいる間に備えて、仕事の手順書を作ったりという仕事をしておかねばならない。毎日の仕事の密度はかなり濃かったと思う。出発の日が近づくにつれ、しきりに『肩がこる』などと言っていた。もうひとつ、トレーニングのことがある。精一杯働いているので、そのために仕事を休んでどこかの山に行く、というわけにはいかない。高層ビルの階段を駆け登る、会社の近くにあるトレーニング・センターで鍛える。あるいは、家のある大森から電車を乗り継いで二時間ほどで行ける丹沢の大山を走って登る。ときには、朝早く出て大急ぎで八ヶ岳を登り、その日のうちに帰ってくる、などということもやっていた」

会社の同僚の一人、山本恵子の証言。

「真面目でいつも一生懸命。長く山に行く前は、同僚に負担をかけまいと土曜日曜まで働いていた。山に関しては『スポンサーをつけて行くのはいや。あくまでも自分の力だけでやりたい』と言ったのを聞いたことがある。エベレストは長い間の夢だったと思う。仕事や年齢のことで半ば諦めかけたこともあるらしいが、山でいっしょになった外国人夫妻に『私たちでさえ諦めていないのに、私たちより若いヤスコがどうして夢を捨てなければならないのか』と言われた、と聞いた」

夫婦はりっぱに働いている。子どももはいない。それにしても、夫をはじめ誰の援助も受けず、自分一人の力で参加費用を用意するには日ごろから緊張の張りつめた生活が必要だったはずだ。それに加えて土、日曜日まで働く。トレーニングの時間も捻出する。

外国を旅行して高価なブランド商品を買いあさる、グルメを求めて高級レストランをかけ回る、などといった生活のまさに対極にある、ストイックで同時に豪奢《ごうしゃ》きわまりない日々。エベレスト行きには二カ月間が必要なので、有給の休暇ではなく「休職」扱いとなった。当然、無給。

「だからこそ、なんと豊かで贅沢な……」と言うと、夫は「そう思う」と答えた。

4

卓越したアルピニスト、ロブ・ホール、体力・技術・ルート設定に熟練したシェルパ。心強いプロフェッショナルではあるが、彼らが一人ひとりのクライアント(客)をおぶったりかついだりして頂上に連れていってくれるわけではもちろんない。

ホール隊はこんな日程を組んでいた。ベースキャンプ（BC、五三五〇メートル）に入ったあと、第一キャンプ（C1、六一〇〇メートル）までを何回か往復する。それからC2（六六〇〇メートル）に三晩滞在。またBCに下り、休養。次にC1、C2で一晩ずつ過ごし、C3（七四五〇メートル）で酸素なしの一夜を経験する。これは高度順化であるとともに「テスト」を意味する。この過程、なかでもC3の無酸素に充分耐えることができなければ頂上には行けない。参加費用はそれっきり戻ってこない。

カネさえ払えば自動的に世界最高峰に連れていってもらえるという「契約」ではないのだ。むしろ、死の匂う極限の場所で求められるのは「自らの生死は自らが責任を負う」という自己責任。団体ショッピング・グルメ旅行とは決定的にちがう。迷子になったら、自力でホテルまでの帰り道を捜し当てなければならない。

C3で一夜を過ごしたあとはBCに下り、数日間の休養。そのうえでC2、C3を経てサウス・コルのC4（七九八〇メートル）からアタックとなる。用意する酸素ボンベは二五〇気圧のものが三本。そのうち一本はシェルパが運ぶが、残り二本は隊員自身が背負って登る。

康子が山中で書いた日記の文章。

〈四月十二日　どうして女性がヒマラヤのような山へ行くことが難しいのか。働いていなければ資金が難しい。働いているとバケーションの問題。周りの理解。一緒に男性隊にまじった場合、登らせてやるという感じ。結婚・出産・子供の問題……〉

〈四月十九日　C2はとても眺めがよい。人が言っていたとおりである。やはり皆がエベレストに来たい気持がわかる。凍ったローツェフェースが見えてあんなところを登るのかと思う。(略)なぜ山へ登るのか？　人は何か夢とか目標を持たないでは生きられないのではないか？〉

〈五月二日　どうして山へ登るのか？　つらくてお金がかかって、私とてこの質問には答えられない。恐らく子供がいたら来なかったと思う。髪をふりみだして子供を育てている姿は美しいと思う〉

もっとも必要なものは自立した精神である。おのれの足で確固として立ち、常に高みを求めてやまない精神。求めるもののために献身し、自身を律し、苦痛に耐えることを受け入れる強靭な心。何よりも、おのれを表現するという鮮烈のモティベーション。

夢や目標なしに、楽々と生きている人はいくらでもいる。同時に、それなしには生きていけないという、おのれ自身のなかに沸騰する切迫感を見据えて暮らす人もいる。難波康子という女性は、たまたま後者に属していたがゆえにエベレストにやってきた。

五月六日、ＢＣを経由して夫が妻に送った激励のファクスへの返事。

〈ＦＡＸありがとう。色々とありがたいアドバイスありがとう。涙が出ました。身にしみて感じましたので家に帰ったら今までにも増して（？）やさしくします。帰ったら私が留守番をしますので山スキーにでも行ってください……〉

九六年五月九日午後十一時三十分、無風、快晴。やさしくてタフで有能な女性はストイックに求め続けてきた夢を求めて、Ｃ４を出発した。ホール以下隊員十一人、シェルパ四人。同じサウス・コルからアメリカ人プロ・ガイド、スコット・フィッシャーが組織したアメリカ公募隊、台北隊の一人をあわせ、合計二十五人が頂上をめざした。

出発して間もなく一人が断念。シェルパ一人に付き添われてＣ４に戻る。八五〇

○メートルでもう一人が脱落。そこから少し登ったところで三人が諦め、これもシェルパに守られて下る。さらに一人が同様に引き返した。雪が降り始める。

昼の十二時半ごろ、先頭のアメリカ隊員ジョン・クラカワーらが南峰のコルに達したが、シェルパが先行してヒラリー・ステップまで固定しておくはずだったロープがない。ルート工作に手間取り、追いついてきた隊員たちは順番待ちを強いられて時間と相応の酸素を失う。クラカワーが頂上に達したのは午後一時過ぎ。康子は二時半。

天候が急変し、強風が吹き荒れ始めた。午後五時過ぎ、登る途中で断念し、ホールに「この地点をけっして動くな」と言われていたアメリカ人隊員のところに、康子、オーストラリア人隊員、シェルパ一人が下りてきた。ブリザードとなり、視界はゼロ。隊員たちはバラバラとなり、生き残りの可能性のきわめて薄い闘いに引き込まれる。嵐が少しおさまってきた夜半、ひと足先にC4に戻っていたアメリカ隊のニール・バイドルマンがシェルパを指揮して何人かを闇のなかから救出した。バイドルマンだけではなく、自分自身優秀な登山家である隊員たちは仲間の姿を求めて奮迅の働きをした。

ホールはそのころ、登頂後動けなくなった隊員一人に付き添って、八七〇〇メートルあたりでビバークしていた。隊員は息を引き取り、ホール自身も衰弱していく。BCの衛星電話を経由して、ニュージーランドのクライストチャーチにいる妊娠中の妻と三度交信したが、三度め「大丈夫だ、ぼくは心配ない」と答えたのを最後に応答がとぎれた。もう一人の公募隊リーダー、スコット・フィッシャーも一人に付き添ってビバーク。隊員は生きたままC4に連れ戻されたが、自分自身は死んだ。

そして難波康子は——視界がやや晴れた十一日午前九時ごろ、C4から四〇〇メートルほど離れたところで上半身雪に埋もれた遺体となって発見された。死亡を確認された者が四人、行方不明が一人。夢に忠実・誠実だった人々が、そういう結末を迎えた。

五月十日夜、東京にいる夫が妻の「登頂成功」の報を聞いた。翌十一日朝、マス・メディアの取材陣がどっと押し寄せ、対応に追われる。日本の女性がエベレストの頂上を踏んだのは、田部井淳子以来二十一年ぶりで二人め。賢一の回想。

「自分一人のために登りにいっただけなのに、なんでこんな騒がれ方をするのか、まったく予想もしなかった。そんなだいそれたことをしたわけではないのに……」

成功の知らせのあとを追うようにして、今度は「C4にいまだ還らず」の知らせが届く。新聞の夕刊には「四十七歳のOL、エベレストに登頂」の大きな見出しが躍っていた。

夫は悲痛の事実に直面した。

康子の母親、かよが語った。

「五月一日付で『お母さん、体は大丈夫ですか。私のことは心配しないで』というファクスが届きました。今でも康子は生きていて、どこかの山に登っている気がします。一日一日、あったことを康子に話しかけて過ごしています」

そして難波賢一。

「カトマンズに飛んでいって、空の上からエベレストを見た。サウス・コルから頂上までとても長い。康子はあそこを登りつめていったのか、えらかったなあ、と感じた。悩んでもせんのないことだが、まだ現実のこととは思えない。ただ——考えてみれば、康子はよく遊んできたのだ。ひどく豊かに？　充分豊かに……」

カメラの中に残されていたフィルムを現像してみたら、写真のなかの康子は「どれも素敵な笑顔で少しふっくらとしている。ほんとうに楽しそうな表情をしている」（先に引用した『中央公論』掲載の記事から）という。

十月、妻とともに来るはずだった巻機山で「ここには何回も来たなあ」とあらためて思った、と夫が語る。二人は濃密な時間を共有して、何回も何回も清らかな沢をさかのぼった。山道をたどり、雪の斜面を滑走し、岩場や氷壁もよじ登った。豊かで芳醇な香りに満ちた人生。夫が語ったとおり、その人生にこういうことが起こる……。

第七章　死の山・いのちの山「ウルタル」

山崎彰人とクライマーたち

1

一九九六年五月十二日午後二時ごろ、富士山富士宮口九合五勺あたりの雪面から女性登山者が滑落してくるのを、八合五勺付近を登っていた二人の男性登山者が発見。走り寄って転落を止め、確保した。女性は意識があり、しきりに「痛い」「ここはどこですか」などと訴えた。近くに無線機を持っていた登山者がおり、その無線で五合目に連絡して救助を要請。救助隊のスノーボートに収容されたがまもなく意識が薄れ、同夜半過ぎ、富士宮市の病院で死亡が確認された。医師によれば、死因は「外傷性ショック死」。

女性の名は小山良子（三十四歳）という。東京の山岳会「バーバリアン・クラブ」に所属。九六年、日本ヒマラヤ協会のムスターグ・アタ遠征隊に参加する予定になっており、それに備えて同人のメンバー二人と高所訓練のため富士山に来ていたもので、九一年十月十日、カラコルムの未踏峰、ウルタル2峰（七三八八メートル）の初登頂をねらって長谷川恒男（四十三歳＝当時）とともに遭難死した星野清隆（三十一歳＝同）の妻だった。

遭難の知らせは、亡夫が設立したアルパインガイド長谷川事務所を主宰する長谷川昌美（四十二歳）にも届いた。良子がかつて、同事務所で働いていたことがあったからだ。昌美は救助者の名を聞いて愕然とする。良子を看取った二人は、日本山岳会東海支部に所属する山崎彰人（二十九歳＝雷鳥クラブ、岐阜大学山岳部ＯＢ会）と松岡清司（二十四歳＝碧稜山岳会）。九六年夏、ウルタルに登る計画で、昌美から資料などの提供を受けていたのだ。もちろん、何度か会ったこともある。

カラコルムの未踏峰で夫を失った女性と、その山へこれから登ろうとするものが、なんの約束や連絡もないまま、同じ日、名古屋と東京から富士山にやってきて、生死の境をはさんで間近に顔を合わせた。そんなことが起こり得るものなのか——昌美は全身が総毛立つ思いにとらわれたと、のちに語っている。

そのとき、昌美自身もまた、夫の命を奪った未踏の頂のわが手による初登頂を心に決して「ウルタル登山隊１９９６」を編成、三度目の隊を送る準備に追われていた。

＊

一九八〇年代の初め、イスラマバードのパキスタン国立近代語学院（Ｎ・Ｉ・

Ｍ・Ｌ）で日本語教師として働く高橋堅という青年がいた。弘前大学山岳部ＯＢ。パキスタンで就職し、山登りはもうこれっきりにしようと思ってやってきたのだが、いざ来てみると学校には夏休みがある。休暇を利用すれば山に登れる。再び山に復帰し、八四年には母校弘前大学のカラコルム・ユクシンガルダンサール登山隊に加わったりしていた。八五年には同じカラコルムのガッシャブルム２峰に登頂している。

八六年、その高橋のところに、長野県諏訪・下諏訪両山岳会が中心となって海外登山に送り出す同人組織「神渡湖衆《みとこしゅう》」隊が、イスラマバードで隊員を求めている、という話が持ち込まれた。隊長は成田俊夫。三年ほど前、カラコルムのパスー・ピーク（七二八四メートル）を登ったとき、近くにウルタルという未踏峰があると聞いて初登頂を計画し、八五年には偵察隊を送り込んだという。紹介者を通じて高橋の山歴を聞いた成田は、その場で高橋を隊員に加えることを決めた。

高橋の回想。

「初めてウルタルの姿を見たのは、一九八〇年、ネパールの山を登った帰り道、カラコルムのナガールをトレッキングしたときでした。あのあたりからはウルタル１、

２峰、レディース・フィンガーなどがきれいに見えるのです。そのときは、レディース・フィンガーの圧倒的な岩壁を見て、すごいのがあるなあ、とは思いましたが、ウルタルについては、隣にある変な山、という印象だけだった。ひとつには、どうにも手のつけられそうもない山、と感じたこともあったし、未踏峰だということを知らなかったのです。

むずかしそうな山だけど、こんな近くにあるのだからどうせ誰かに登られているんだろう、と思った。それに、あのころぼくはもっと奥にある山にしか関心がなかったんですね。すぐ下に村落があって、トレッカーが近づけるような山には興味がなかった」

成田はそういう山に着目してカラコルムにやってきた。理由はひとつしかない。未踏峰ゆえにである。話を聞いて、高橋もまた、何気なく見逃していたウルタルに執着心がわいてきた。

高橋が続ける。

「神渡湖衆隊が狙ったのは北面からのルートです。到達したのは標高五三〇〇メートル、第一キャンプまででした。ベタ―ッと雪が続いていて、技術的にはそれほどむずかしくは見えないのですが、取り付いてみたらいたる所が雪崩の巣で、イチかバチか、やられるのを覚悟で行ったらあるいはなんとかなるかもしれないという、いわばロシアン・ルーレットみたいなルートだったのです。

結局、撤退することになり、いったん下に下りたんですが、上に置いてきたサバの缶詰ひと箱が惜しくなりましてね。どうせまた山へ行くんだし、パキスタンではサバ缶なんかにいつまた出会えるかわからない。そこで取りにいったとき、スノーブリッジが崩れて膝を骨折してしまった。ポーターたちに背負い子で担がれてカラコルム・ハイウェーまで運んでもらい、そのままイスラマバードに帰った。私にとっての最初のウルタルはそれで終わりました」

高橋がようやく松葉杖をついて歩けるようになったころ、成田らがイスラマバードに戻ってきた。ウルタルという山のむずかしさに「心なえた」隊員もいたが、成田と高橋は「もう一度やろう。このままでは気がすまない。いいメンバーを集めて、なんとしても自分たちで登ってやろう」と言い合って別れた。

「なんということもない山。しかし、とうてい登れそうもない山」が、こうして登山家の心を激しく捉えたのだった。

2

アメリカの医師、アレン・E・バニクは一九三二年、雑誌で「ヒマラヤ山中にフンザという王国があり、そこに住む人びとは百歳から百二十歳、ときには百四十歳の長命を保っている」と読み、以来、不老長寿の「シャングリラ」(理想郷・桃源郷)を夢見て過ごしたのち、一九五七年、ついにフンザ訪問を実現。著書『不老長生の秘境』(佐藤亮一訳)のなかでこう書いた。

〈フンザ国民の肌艶は真にきれいである。彼らの先祖を血統的にたどれば、それはアレキサンダー大王(紀元前三五六〜三二三年)麾下の将兵にさかのぼる。彼らはペルシャの妻女を連れて、この有名な交易ルートからほど遠からぬ、この理想の谷地を求めて、故意に道を迷ったのだった。フンザ国民は孤立を守りとおし、今は百二十歳まで健康を保ち幸福な生活を送っているのだ……〉

長い間、陸の孤島として孤立を保ち続けたフンザ人たちの生活に劇的な変化が発生するのは、カラコルム・ハイウェーの建設以後である。パキスタンの首都イスラマバードに隣接するラワルピンディから、インダスの谷沿いに北方地域(ノーザン・テリトリー）のギルギットにいたり、フンザを経てクンジェラーブ峠（四七〇三メートル）を越え、中国のカシュガルに達する全長一二六〇キロ。シルクロードをたどるカラコルム・ハイウェーの建設は一九六七年、中国が全面的に協力して着工され、中国、パキスタン両国合わせて四百人以上の犠牲者を出す難工事の末、七八年に完成した。これによって、カラコルム山中の秘境へのアプローチは飛躍的に容易となった。ラワルピンディ〜ギルギット間の六〇九キロはバスで約二十時間。一泊二日の行程となる。

ただし、インダス川の急峻で深い谷、あるいは砂漠地帯のもろい岩盤に道が刻まれているため、開通直後から落石、地滑り、崩壊が続き、永遠に未完成道路の観がある。バスが数百メートル下の谷に落ちて乗客全員が命を失う、などという事故が何度か起きているし、眼前で道路が通行不可能となり、常時待機している工事隊の到着をえんえんと待つのはめずらしくない。

そういう難路ではあるが、とにかく自動車が走れる道ができたことで、秘境に入り込んでくる人、物の量はフンザの歴史始まって以来のこととなった。高橋のように、氷河と岩壁で武装した山々に分け入る登山者やトレッカーたちの数も年を追って増えた。

ギルギットは、はるかの昔から中国のタリム盆地とインドを結ぶ交通の要衝。そこからカラコルム・ハイウェーをさらに進み、アリアバードを過ぎてフンザ川の右岸を急登。標高二五〇〇メートル、南向きに開けたオアシス、カリマバードに着く。七四年まで、ミール（藩主）が支配していたパキスタン領内の自治王国フンザ。バニクはじめ世界中の夢想家たちが不老長寿の桃源郷と憧れた王国の核心地である。

晩春はアンズの花が咲き乱れ、続いてリンゴやナシが夢のような白い花をつける。そしてポプラの新緑。手入れの行き届いた段々畑が連なり、危険に満ちた長い悪路の果てにたどりついた旅行者の目にはまさにシャングリラの風景と見える。何度となくこの地に通った長谷川昌美は、

「秋がまたすばらしいのですよ。春や夏とは違った、豪華な風景にうっとりします」

と言う。

カリマバードの背後に向かって右側、岩山に荒々しい裂け目が開いていて、そこからウルタルの谷が始まる。谷を三時間、標高三三〇〇メートルまで登ると大きく

開け、羊の放牧地となり、石でかこんだ小さな小屋が建っている。のしかかってくる岩壁を割ってウルタル氷河が突き上げ、上部は雲で隠されていることが多い。その雲のなかからひっきりなしに轟然たる音が聞こえる。氷河の崩壊、雪崩、落石、岩雪崩の絶えることがない。

この三三〇〇メートルに達する前、谷をさかのぼっていく間、岩を刻み、あるいは精密に石を組んだ「水道」を、豊かで清らかな水が走っているのを見ることができる。高所の氷河から発してフンザのオアシスを潤す水道である。

羊たちも行かない高所から引いた水だから、放牧地で汚染されていない。ほかの土地と違って、フンザに住む人びとはそのおかげで風土病を病むことがなく、長寿に恵まれたのだとされている。フンザ人にとって、ウルタルは何世紀にもわたって、文字どおりいのちの谷だった。

その谷に別の名がある。ギルギットのバザールで売っている一二〇万分の一の地図「カラコルム　マウンテニアリング・アンド・トレッキング・マップ」には「ウルタル・ヴァレー」と表記した下にカッコしてもうひとつ「デス・ヴァレー」（死の谷）と書き込まれているのだ。フンザに住む人びとに天の恵みの水を与えてきた谷になぜ不吉な別名があるのか。地図を売っている書店の若い店員は知らなかった。

ナジール・サビールは一九五三年、フンザの北限に近い小さな村、ラミンジー生まれ。九歳のとき、カリマバードの下、フンザ川沿いの村、アリアバードに移って小学校に入り、中学、高校をギルギットで卒業。そのころから、カラコルムの山に入ってくる外国登山隊に雇われてハイ（高所）・ポーターとして働き、登山を知った。

七〇年、ラワルピンディ大学に入ったが、山で過ごす時間が多いためまもなく退学。登山活動が本格化し、やがて、外国の登山隊に正規の隊員として迎えられるようになる。ラインホルト・メスナーやダグ・スコットらと行をともにし、パキスタン人として初めて八〇〇〇メートル峰四座の登頂に成功。今では全パキスタンにその名を知られたフンザの英雄である。

のち、イスラマバードに登山隊やトレッキング・グループを支援する会社「ナジール・サビール・エクスペディションズ」を設立。九三年秋にはパキスタン北部地域議会議員選挙に出馬して当選している。そのナジール・サビールが「死の谷」の名の由来を古老から聞き知っていた。

サビールが語る。

「百年から百五十年ほど昔、ウルタルの谷では長年にわたる水道工事中に、落石や雪崩に打たれて多くの人が命を失った。それでそういう名が生まれたのだと聞いた。死者たちのおかげで、ウルタルはいのちの谷となったのだ、と」

その谷をめざし、初登頂という言葉の響きに心を奪われた何人もの人びとが踏み込んでいく。

3

サビールは七四年、新貝勲の率いる日本隊に加わってパスー・ピークに登った。ハイ・ポーターではなく、正規の隊員としてのキャリアはここから始まった。八一年、早大隊に加わってK2に登頂したあと、招かれて日本を訪問。そのとき、早大隊のひとり、大谷映芳に紹介されて、サビールによれば「誇りと自負心が過剰なくらい強い」日本人アルピニストと知り合う。アルプス三大北壁冬季単独初登攀を達成した長谷川恒男である。

サビールは長谷川に「ハセガワさん、フンザにウルタルという山があるんだけど……」と話をもちかけた。ウルタル2峰、標高七三八八メートル、未踏。当時、未踏峰でもっとも高い山はナムチャバルワ（七七八二メートル、九二年十月に登頂された）で、二位はブータンのガンケール・プンズム1峰（七五四一メートル）。ウルタル2峰はそれに次いで3位。ガンケール・プンズムはブータン政府によって登山が禁止されているため、ナムチャバルワが登頂されたあとは、事実上、登山家に残された地上最高の未踏峰である。

サビールの話。

「ハセガワさんにその話を持ち込む十年ほど前から、私がずっと狙い続けていた山だったんです。カリマバードの村落のすぐ後ろにあるのに、あまりにも困難で技術的な問題が大きすぎるため、依然として未踏のまま残っている。フンザの未踏峰はフンザ人が登らねばならない。これこそは自分自身の山だと考えていました。その夢を果たすために、ハセガワさんのすぐれた技術、経験を借りたかった。いっしょにナンガ・パルバットに行ったとき、ベースキャンプから眺めていて、高所での強さ、登攀技術の優秀さ、なかでもルートファインディングの的確さに強い印象を受けていたのです。ハセガワさんに話したら『困難』『未踏』の二点がすぐ気に入ったようでした」

アルプスで世界中に名を知られながら、ヒマラヤでは失意が続いていた長谷川はたちまちこの話に乗り、八九年十二月、登山許可を取得。九〇年四月から五月にかけて偵察。南西壁に可能性を見い出す。同じ年の九月、自らが隊長、妻の昌美が副隊長、星野清隆、清水久信、多賀谷治の三隊員、リエゾン・オフィサーのナジール・サビールからなる隊を組織してカリマバードに入った。九月十一日、百人のポーターを雇って三三〇〇メートルの放牧地にベースキャンプを設営する。

二五〇〇メートルのカリマバードから三時間だから非常に近い。七〇〇〇メートル峰の登頂を狙うには、三三〇〇メートルのベースキャンプは低すぎる。しかし、ここからすぐ南西壁が立ち上がっているため、それ以上の地点にベースを設営することは不可能なのだ。

正面に威圧的な南西壁。三方を岩と氷の壁にかこまれ、井戸の底のような台地。日中と夜間の温度差が大きく、そのため、岩が風化して絶えず崩落している。岩壁上部ではひっきりなしに雪崩が発生し、ときにベースキャンプを大爆風が襲う。上部には鋭いピークが乱立し、複雑きわまりない地形。しかも、懸垂氷河、垂直の氷壁、落石、雪崩という堅固な鎧で武装している。かくも短いアプローチでありながら未踏のまま残っているのは、まさにそれゆえにだった。

南西壁の四九二〇メートルに第一キャンプ、五五〇〇メートルに第二キャンプ。そして十月六日、六〇二〇メートルに第三キャンプ。十三日、六五〇〇メートルまでルート工作を終えた。ここまでに張ったロープは合計四〇〇〇メートル。十五日、長谷川と星野、多賀谷が第三キャンプに入る。翌十六日、アタック。

ここで天候が崩れた。十六日、六八〇〇メートル地点でビバーク。十七日、七〇〇〇メートルを越えたが激しい風雪に前進を阻まれて登頂を断念。第三キャンプに戻る途中、星野が足を骨折。再び雪洞でビバークし、遭難寸前の状態に追い込まれる。事実、長谷川自身がベースキャンプに無線で「われわれは今、遭難していますす」と連絡した。

翌十八日、からくも第三キャンプにたどり着いた。頂上まであと三〇〇メートル余にまで達しながら結果は惨敗。ベースキャンプに戻った長谷川らは「よく生きて帰れたなあ」と抱き合い、涙を流した。

4

翌九一年、長谷川すでに四十三歳になっていた。

昌美の回想。

「女房の私の前では夢ばかりを語っていました。ナンガ・パルバットにもう一度行きたい。K2も登りたいなどと。でも、周囲の人には、ウルタルに行く前『もうヒマラヤはこれで終わりだ。あとは年齢相応の山登りをする』ともらしていたそうです。あとになって知りました。『畳の上で死にたい。山が好きなのだから山で死にたくはない』とも言っていましたが、多分、長生きはできないのだろうな、と考えたこともあります」

九一年、二度目のウルタル登山隊は九人に増えた。隊長の長谷川、副隊長の昌美、多賀谷治、星野清隆に加え、山口浩、白石光、杉坂勉、太田健児、山崎生充。それにリエゾン・オフィサーであり、頂上アタックに加わるはずのナジール・サビール。

九月十四日、四九〇〇メートルにC1を設営し、五五〇〇メートル、六〇〇〇メートルとキャンプを上げていく。C1からC2にいたる途中のルンゼの合流地点にはしきりに雪崩が発生していた。

のちに隊員の太田が語った。

「十月六日、長谷川さんと星野、私、ナジールの四人が第三キャンプに集結した。そのとき、長谷川さんとナジールがルートのことで議論をしたんです。第三キャンプのすぐ下に懸垂氷河が落ちかかっていて、その下が垂直の壁になっている。ナジールは『ここはむずかしすぎる。懸垂氷河を越えるのはやめて、こっちの稜線を行ったほうがいいのではないか』と言いました。しかし長谷川さんは、そのむずかしいルートを登ることに芸術家のような喜びを味わっていたようです。美意識の問題ですね。これ以上いいルートはない、すっきりして美しいルートなのだ、と譲らなかった。最後、ナジールも『あなたが選んだルートなのだ』と同意しました」

翌日、C1に下りて休養。十日、長谷川、星野、ナジールの三人でC2に荷上げ。C3にはルート工作要員の多賀谷、山口、白石、杉坂、C2には山崎。六五〇〇メートルに最後のキャンプを作り、そこから頂上を攻め落とす。一週間以内に登頂を完了する計画だった。

午前八時、長谷川ら三人はC3にいる四人のための食料を背負ってC1を出た。

サビールが語る。

「私は暑くなったのでセーターを脱ぎ、日焼け止めクリームを塗ったりして、二人から二十分ほど遅れていました。追う途中、壁の上の方で、長谷川さんがこちらを振り返っているのが見えた。十時二十分ごろ、巨大な雪崩が発生した音が聞こえました。私のいた場所は安全だったが、雪崩が通り過ぎたあと、長谷川さんの姿を見たところ（五三〇〇メートル）まで登っていったが、二人をみつけることはできなかった。フィックスしたロープが二カ所にわたって切断していた」

長谷川、星野の二人の遺体はそこから一三〇〇メートル下で発見され、カリマバードの村人たちの手でBCから六〇メートル上の台地に埋葬された。人びとが朗《ろう》誦《しょう》するコーランと慟哭の声が死の谷に響いた。

放牧小屋のある場所からは、ウルタルの頂上は目前の岩壁に阻まれて見ることができないが、二人が眠る墓所まで登ると、ときにほんのちょっとだけ、陰鬱な雲の間から顔を出す。夕暮れどきならば黄金色に輝いている。どういうわけか、存在感というものが希薄で、人間、もしくは生命あるものとは徹底的にかかわりのないといった、冷え冷えとした表情である。

ナジール・サビールがのちに語った。

「私はあの山のことを思いつめて十年余を過ごしました。研究もしたし、これこそはフンザに生まれた自分の山だと考えていた。しかしもう、指一本ふれるつもりはありません。長谷川さんの死でウルタルの名は世界中に知られ、今、初登頂を狙う登山申請が殺到しています。でも、私は二度と登るつもりはない。なぜなら、あれは長谷川さんの山になったからです。永遠に……」

5

話は少しさかのぼる。イスラマバードに住む日本語教師・高橋堅は、八八年、日本に帰り、地下鉄工事現場の清掃仕事などを経験したあと、日本でまた外国人相手の日本語教師となった。ウルタルを忘れたことはなかったが、生活の問題があるし、それ以上になかなかいっしょに行く仲間が集まらない。月日がどんどん過ぎていき、九〇年冬、成田俊夫と松本で落ち合ってスキーを楽しんだとき、ラジオで「高名な登山家、長谷川恒男氏がウルタルという山の初登頂を計画している」というニュースを聴いた。高橋が語る。

「あの山のことなんか、誰も気がついていないと思っていたのに、長谷川さんが目をつけていたとは……。長谷川さんほどの人といえども、簡単に登れるとは思えないが、とにかくこれはウカウカしていられないぞ、急ごう、でないと、先に登られてしまう。成田さんとそんな話をしました。そこで九一年、成田さんと二人で偵察に行った。そのとき、イスラマバードで（フンザに入る前の）長谷川昌美さんと会う機会があったんですが、長谷川さんたちもほかの隊のことを気にしていました。イギリスのヴィクター・ソーンダース隊が入っていたのです。なにしろ、ソーンダースといえば壁専門で有名な人物ですからね」

その年の七、八月にかけて、ソーンダース隊の五人はふた手に分かれ、南稜と南東ピラーから頂上をめざしていた。南稜隊は長いリッジに時間をとられ、六五〇〇メートルで断念。ソーンダース自身が率いる南東ピラー隊は、難ルートにてこずった末、これまた頂上に達することはできなかった。

長谷川とすれちがうようなかたちで帰国した高橋は、十月のある日、ウルタルの登山許可申請に必要な推薦状をもらうため、日本山岳協会を訪ねた。そのことを報告しようと協会のある原宿の岸記念体育館から長谷川事務所に電話をしたところ、イスラマバードから「雪崩で二人死亡」の連絡が入った直後で、高橋は電話口で言葉を失った。ラジオのニュースといい、この電話といい、因縁としかいいようがなかった。

翌九二年七月、成田を隊長とし、高橋、堤信夫の三人からなる神渡湖衆隊は二度目のウルタルにやってきた。

最初に試みた北面からのルートはあまりにも危険すぎるとして放棄し、ルートを東のグルピ氷河から南東ピラー（柱状岩壁）に選び、氷河上の四〇〇〇メートルにBCを設営。南東ピラーに達するルンゼ状雪壁に取り付いた。四六〇〇メートルまで固定ロープを延ばしたが、ルンゼ内で間断なく雪崩が発生する。ハイ・ポーターの一人が雪崩に巻き込まれて左足を負傷。この事故と悪天候のため、ルートは遅々として進まない。八月二十一日、ようやくC1を作ったが、二十七日、五四〇〇メートルに達したところで吹雪に襲われ、撤退。時間切れとなって断念した。高橋は、「なんとか日数を延ばせませんか」と成田に訴えたが、日本での仕事が待っている彼はそれ以上留まることができなかった。

高橋が語る。

「じつは最初に偵察に行ったとき、われわれは長谷川さんが選んだ南西壁ルートを見つけることができなかったのです。普通に眺めたのでは発見できないルートなんですね。九一年にあらためて偵察し、南東ピラーと長谷川ルートの両方を見たんですが、長谷川ルートについてはただただ『よくもまあ見つけたものだなあ』と感心するほかなかった。南稜に達するルンゼを登るあのルートは、雪の状態さえよければもっとも短く、頂上への可能性のある非常に合理的ないいルートであることがよくわかりました。しかし、自分たちも南西壁から行こうという気にはならなかった。人が手がけたルートに行くつもりはなかったのです。それではおもしろくない。となると、あの長谷川ルートより美しいルートは南東ピラーしかない、と考えました。ギザギザの稜線をトラバースするときには雪崩があるだろうが、それにしても南西壁よりは行動する時間があるだろう、と計算していったのです」

ウルタルをフンザ川の方向から眺めたと想定すると、左から南西壁・長谷川ルート、その右に南稜があり、長谷川ルートは六〇〇〇メートルを越えたところ、高橋たちがスノー・ピークと呼んだ地点で南稜に出る。南東ピラーはさらにその右からスノー・ピークまで、ピークを乱立させて突き上げる柱状岩壁である。いずれも南稜を経て頂上をめざすのだが、スノー・ピークを過ぎたあと、いったん懸垂で下降し、登り返すのが最後の難関となる。帰途は当然、困難な登攀が待っている。スノー・ピークまでの前半も、そして後半も、一瞬たりとも気を許すことのできない難ルートが続く。敗退が重なるたびに、高さと、悪天候と、そして極度の技術的困難を併せもつ希有の山の姿がはっきりと浮かび上がっていった。

6

人間が踏んだことのない頂に向かって、アルピニストたちの野心が轟々と燃えさかった。彼らを駆り立てる動機はいうまでもなく、初登頂の一語につきる。しかも、これは長谷川ほどの名クライマーの命を奪った。八〇〇〇メートル峰のすべてが繰り返し登られたあと、戦闘的なアルピニストたちの関心は無酸素・バリエーション・単独に向かっていったが、ウルタルは事実上、世界でもっとも高い未踏峰であるうえに、初めから「もっとも容易に頂上に達する」ノーマル・ルートが存在しえない、すなわち、どこから登っても高度に困難なバリエーション性を要求されることが明らかになって、俄然、視線が集中したのだ。

おそらく、この山が登られたあとは「もっとも高い未踏峰」への関心は急速に薄れるに違いない。ウルタル2峰こそは、最後に残された「未踏峰」そのもの、その名に値する存在となったのである。

九三年、ヨー・ヴァング率いる四人のノルウェー隊はカリマバードからウルタル谷に入り、長谷川隊と同じ三三〇〇メートルにBCを設営。七月三日、四九〇〇メートルにC1を張り、二十日分の食料、燃料を上げた。長谷川隊が危険に身をさらしたルンゼを嫌い、ここから南西稜東面フランケにルートを選び、十三日、五八〇〇メートルにC3を進めた。ルートは困難をきわめたうえ、悪天候が続き、隊員の一人が凍傷に侵される。ついに六〇〇〇メートルラインを越えられぬまま、十七日、撤退を決定。雪嵐のなかを下降する途中、雪崩に遭い、一人が一五〇〇メートル流されたが、軽いケガだけですんだ。

九四年、高橋は三たび、ウルタルに挑んだ。二度目の挑戦で命を失った長谷川同様、彼もまた「やりかけたことをやり残して終わる」気にどうしてもなれなかったのだった。それまで行をともにした成田は、松本に会社を設立したばかりでどうにも仕事から離れられなかったため、不参加。新たに、同人「カトマンズクラブ」隊を編成して高橋が隊長をつとめた。登攀隊長は堤信夫（43歳）、隊員は堀弘（36歳）、黒川溶三郎（32歳）、東樹義夫（43歳）の合計五人。南東ピラーは雪崩が多すぎるとして諦め、今回は南稜を選び、そこに固定ロープを張りつめるルート工作終了後、いっきにアルパイン・スタイルで頂上を陥《おと》す作戦だった。

『山岳年鑑'95』（山と溪谷社）に高橋は次のように報告している。

〈アルティットからBCを目ざすがポーターのストライキで1日停滞。6月26日にBC（4750メートル）に入った。28日から登攀を開始し、7月5日5450メートルにC1を建設。18日5800メートルにリレーキャンプを置き、コマ犬と呼んだピークを左から迂回して27日C2（6000メートル）を設けた。30日にC3予定地（6300メートル）に到達してからいったんBCに下り、8月7日に攻撃に移る。C1を5700メートルに移動し、8日にはC2も6200メートルに移す……〉

九日の行動予定は高橋と堤が仮のC3を作り、そこから上のルート工作。下から荷上げしてくる黒川と堀がC3をさらに上にあげ、東樹はスノー・ピークまでの荷上げ。頂上アタックはいよいよ目前。うまくすればあと二日、あるいは三日。たとえ崩れても、次の好天周期に出直して頂上に立てると踏んでいた。

六五〇〇メートルあたりでルート工作をしている二人の二、三百メートル下にいた堀が突然「落ちた！」と叫んだ。トランシーバーで交信すると、堀は、黒川が頭を下にあおむけの姿勢で南西壁側に落ちていくのを見たという。

ただちに懸垂下降する。岩壁から氷の斜面、その下には深いシュルンド。岩のあちこちに血だまりができていて、氷の斜面にも血痕が続き、シュルンドの中に消えていた。遺体の収容は不可能。

同じころ、九一年のソーンダース隊の隊員二人を含む英・米隊四人がふた手に分かれて東稜に挑んだが、落石と雪崩に撃退され、六〇〇〇メートル地点から敗退した。

ウルタル2峰、七三八八メートル、依然として未踏。

7

日本山岳会東海支部に籍を置く二人のアルピニストがいた。一人は山崎彰人、もう一人を松岡清司という。

山崎は六七年七月二十四日生まれ。妻との間に一女。岐阜大学山岳部ＯＢで、日本道路株式会社中部支店勤務。八九年、同支部が送り出した遠征隊に参加して中国天山山脈の未踏峰・雪蓮峰南峰（六五二七メートル）に初登頂。九三年には中国カラコルム山脈のクラウン峰（七二九五メートル）、九四年、同チリン峰（七〇九一メートル）、チャントック峰（七〇四五メートル）にいずれも初登頂している。見た目には痩身だが、山に入ると無類の強さを発揮する。

松岡は七二年六月三日生まれ。独身。株式会社・兵藤造園勤務。碧稜山岳会に所属し、九一年、アコンカグア（六九五九メートル）、九三年、クラウン峰に登ったほか、九五年にはヨセミテのエル・キャピタン、ラーキングフェアの壁を単独で登った。小柄だが、全身に筋肉が張りつめ、精悍。抜群のロッククライミング技術をもつ。

支部長の尾上昇によれば「山崎は山の弱点を探し出してピークに立つのを喜びとしているのに対し、松岡はウォール派で困難な岩壁登攀に熱中するタイプ」だという。二人は九三年のクラウン峰遠征でいっしょになり、そのとき、松岡の登攀技術を見込んだ山崎が「ウルタルという未踏の山がある。二人でアルパイン・スタイルで登ろうじゃないか」と話を持ち出した。山崎は長谷川昌美に資料の提供を受け、カトマンズクラブの高橋にも計画書を送ってたがいに情報を交換。

九六年六月三日、名古屋から成田経由イスラマバードに向かった。十一日、フンザに入り、ハサナバードで高度順化。二十五日、アリアバードからリエゾン・オフィサー、ポーター、コックの三人をともない、南西壁長谷川ルートのBCに着いた。

目標を南西壁と定める前、二人の間には意見の対立が生じた。山崎は「頂上に立つには南西壁から行くのがもっとも可能性が高い」と主張。それに対し「ウォール派」の松岡は、ナガールから眺めた南東ピラーの迫力、威圧感に心を奪われ「たとえ敗退してもいいからあの壁を登りたい」と言い張ったのである。

松岡が語った。

「山崎さんには笑われました。多分、ぼくの考え方を理解してもらえなかったのでしょうね」

最後は年長者である山崎が意見を通したのだという。

二人は二十六日、ポーターとともに雪壁の末端、四五〇〇メートル地点に前進ベースキャンプ（ABC）を作り、二十七日、二十八日と荷上げ。二十九日には五〇〇〇メートル地点に達した。松岡が記した「行動記録概要」にはこうある。

〈山崎、松岡、シャガリーブ（ポーター）の3人で8ピッチ、偵察を兼ねて登る。途中悪い箇所（岩場）にロープをフィックスする。残置ピンが多く助かる。思ったよりも雪崩、落石の危険は少ないように思われた〉

残置ピンはいうまでもなく、長谷川隊が二度にわたる南西壁攻撃で残したものである。松岡によれば「通算百本くらい『お世話』になったんじゃないだろうか」と言う。

いったんBCに戻って休養したあと、二日、ABCに戻り、三日、早くも五二〇〇メートル、長谷川隊のC2地点に到達した。

そのころ、十一年がかり、四度目の初登頂をめざす高橋らカトマンズクラブ隊は、二年前と同様、南稜で苦闘していた。隊長の高橋（三十七歳）以下、登攀隊長・堤（四十四歳）、隊員・安藤昌之（四十歳）、斎藤渉（三十八歳）、星野龍史（二十八歳）、医師・野々村修（四十七歳）。

高橋の回想。

「スノー・ピークから南西壁が見えるんです。そこから、長谷川隊がC2を張ったあたりに（東海支部隊の）テントが見えました。『えっ、もうあそこまで来てるぞ。すごいな。やるじゃないか』と思いました。じつは、吹雪で破れたBCのテントを修理するため、アリアバードに行ったとき、あの二人に会ったんです。山崎さんは痩せている。松岡さんは高所には向かないといわれる筋肉質。失礼だけれども、スノー・ピークまで来れるのかな、などと思っていましたから……」

五日、東海支部隊は五五〇〇メートルのキャンプサイトで時間のたつのを待ち、午後八時に出発。二十時間をかけて六日午後四時、五八〇〇メートルに達する。

松岡の回想。

「懸垂氷河の末端に行ったのが午前零時ごろです。それから午後四時まで行動したんですが、突破できない。どこもかしこも全部ハングしていて、ダブル・アックスでいってても抜けてしまう。ここで敗退するのか、と思いました。結局、タテに入っているクレバスをみつけて、その中に入り込み、キャンプしました」

翌七日は午前四時からまる十二時間。ついに懸垂氷河の上に出た。さらに八日。行動概要にこうある。

〈氷と岩のミックスした岩稜。ちょうど日本の硫黄・赤の稜線のようできついアップダウンの繰り返し。すべてスタカット。ここでの退却も考えた。しかし、ルンゼを下りる残置フィックス（ロープ）を発見。これにしたがい懸垂で下り、再度稜線に上がる。さらにヘッド・ウォールのひとつ前の岩峰の基部まで進み、キャンプ〉

行動時間は午前四時から午後八時までの十六時間。高度はここで六三〇〇メートル。

九日も午前四時から十六時間かけて六六〇〇メートルまで。行動概要を続ける。

〈10日　午前4時出発。午後9時、キャンプサイト。7000メートル。ヘッド・ウォール上部の登攀はかなり厳しかった。グレードで5級くらい。苦労してヘッド・ウォールを抜ける。この高度で5級の岩を登るのには多大な努力を必要とする。壁を抜けたとき、ちょうど暗くなり出したのでドームの雪の上にキャンプ。1日か

けて7ピッチほどしか進めない。今日登頂の予定だったがまったく見込みが立たない〉

五年前、長谷川が吹雪のなか「われわれは今、遭難しています」とトランシーバーで交信したあたり。しかし、松岡の記録によれば、この日で八日間、晴天が続いていた。

南稜を登っている高橋らカトマンズクラブは別の天候を経験している。BCに入って以来、晴天が三日以上続いたことはなかったが、めずらしいことに七日から五日間が晴天。荷上げ、キャンプ設営、ルート工作を繰り返し、十一日朝、二度目のスノー・ピークに達する。そこで高橋は目を疑った。

「稜線伝いにトレースが続いているのが見えたんです。テントを張ったあともあった。晴れた五日間、休みなしに行動していたし、ぼくは咳がひどくて夜眠られず、背中をさすってもらっているような状態でした。スノー・ピークの手前に置いてきた荷を取りにもどり、また登り返していたら、上にいた星野君が駆け下りてきて叫んだ。『彼らがいますよ!』とっさに『どこに?』と聞くと『頂上稜線』と言う。明らかに下りかかっている。ショックで立っていられず、座り込んでしまいました。

たった二人で、まさかこんなに早く頂上に立つとは考えていなかった。この十一年間、オレはなにをやってきたのだろう。一生懸命、間違った方向に歩いていたんだろうか。そんなことを一度に考えました」

登る際、懸垂で下ったむずかしいところを、帰路は登り返さねばならない。かなり時間がかかるはずだから、この辺に食料や燃料がデポしてあるはずだと考えたが、そのような形跡はない。「よくよく荷を絞って登っていったんだな。えらい連中だ」と高橋は考えた。だが、それはあとになってのことで、はるかの稜線を動く人影を単眼鏡で追いながら、魂を抜かれた状態から抜け出すことができなかった。

見ていると、人影は下ったり登ったりを繰り返している。どうやら、下降ルートに悩んでいるらしい。やがて、不思議なくらい続いていた好天が終わり、荒れもようになっていく。高橋らはその日、BCまで下った。

以後、三日間、高橋は仲間に口をきく気になれないまま過ごした。二十六歳から三十七歳までの十一年間。あれはすべて、せんないことを思いつめて過ごした徒労の歳月だったのか——。

8

東海支部隊はその七〇〇〇メートルのキャンプサイトを午前五時に出発していた。わずかに残っていた食料、燃料などはキャンプサイトに残し、空身でのアタック。同六時四十五分に七三八八メートル、未踏の頂上に達し、わずか十五分いただけですぐ下降にかかる。登り返しの厳しさを思って時間を惜しんだのだ。午後八時、六三〇〇メートルまで下った。

十二日午前四時、出発。午後から吹雪となり、ホワイトアウト。難行苦行の末、六〇〇〇メートルへ。食料、燃料はほぼ底をついた。十三日、風雪、停滞。十四日、前日に同じ。十五日、同じ。行動概要にこうある。

〈風でテント破れ、雪が入り、シュラフを濡らす。ライターで雪を溶かし、乾いた喉をいやす。お互い最後までがんばるよう声を交わす〉

十六日も同じ。松岡が語る。

「このまま凍死するのか、もう駄目かもしれない、と何度も考えました」

十七日、天候が回復。五二〇〇メートルまで下れば、帰路用の食料、燃料がデポしてある。最後の最後までとっておいたビスケット三枚を食べ、午前十時に出発。懸垂氷河は寝たきりだったので体がいうことをきかず、何度もころびそうになる。崩壊が続いていて、登ったときとは様相が一変している。命がけのルートファインディングを繰り返したが、この日は午後八時、五五〇〇メートルでキャンプ。

十八日、午前四時に出発し、午後八時、ついに五二〇〇メートルのデポ地点にたどりついたが、セラックが崩壊してデポしてあった食料、燃料は完全に消えていた。肉体の衰弱、生命力の最後の一滴を奪う落胆、精神がこうむった打撃で、逆上の行動に走ってもおかしくない状態である。頂を踏まれたウルタルの報復、逆襲。しかし二人は、ここでおそるべき自制力を発揮して破滅の淵に踏み留まり、夜を過ごした。

十九日午前四時。ABCに待機したポーターに「食料を上げておいてくれ」と無線で指示。午後一時、ABC到着。数えてみると、二人は五日間、ほとんどなにも食べていなかった。オレンジジュースの一リットル入りペットボトルを一本ずつ飲み、チョコレートを各二枚。それ以上の食欲がなく、夕方まで昼寝。夜、ラーメンと雑炊を作って食う。登頂祝いのパーティのつもりだった。

二十日午前九時、ＢＣからポーターが食事を持って上がってくる。松岡は食べたが、山崎は食べたあとすぐ吐いてしまう。昼ごろ、紅茶と果物を食べたが山崎の調子はよくならない。胃腸薬を飲んだが、吐く。腹痛が始まり、痛みがどんどん激しくなっていく。夕方からもう飲むことも食べることもできなくなっていた。

二十一日、痛みがおさまらないため、松岡がＢＣのリエゾン・オフィサーに救援のヘリコプター派遣を依頼する。鎮痛剤を与えたが吐くだけ。午後十一時、山崎の呼吸が止まった。ほんの二カ月前、富士山で、ウルタルに夫を奪われた女性の最後を看取った人物が、そうやって同じウルタルで死んだ。

二十二日、リエゾン・オフィサーがヘリコプターに乗って飛来したが、地形がわからなくて発見できず、そのまま飛び去る。ポーターがカリマバードに下って人手を集めることにする。二十三日、ポーター六人が上がってきて、遺体をカリマバード経由ギルギットまで下ろした。イスラマバードに運び、三十日、山崎の家族らの到着を待って荼毘。

9

茫然自失の状態からからくも心をたて直した高橋は、七月三十一日、南稜から頂上に立った。その回想。

「稜線で、長谷川さんが残したハーケンを何度も使わせてもらった。コの字型ハーケンを必ずダブルできちんと打ってあるのを見て、えらい人だな、とあらためて思った。荷を少しでも軽くしようと、ついつい一本だけですませてしまうのに。残置ハーケンのようすから見て、九〇年、長谷川さんは頂上のほんとうに直下まで迫っていたのがわかった。たとえ天候が悪かったにしろ、回復を待ってもう一往復できていたら登頂していたはずだ。もちろん、帰路で何が起こるかわからないが、もしあの年に登っていたら、翌年、二度目のウルタルで命を落とすこともなかったかもしれない。上部の地形はおそろしく複雑で、ルートファインディングに苦労したが、そこで残置ハーケンを発見してどれだけ勇気づけられたかわからない」

人が手をつけたルートは登りたくないと、南西稜を拒否した人物が、最後は先行者の息遣いを感じながら登っていたのだった。

そして松岡。

「どういうわけか、カリマバードに下ったとき、村の人たちは声をかけてくれなかった。ぼくは足を引きずって歩いていたのに、ひと言も……」

ウルタル谷の人気者になっていた長谷川恒男。ナジール・サビールが「ハセガワさんの山」と呼んだウルタルをたった一度のトライで攻め落としたアルピニストに、人びとは格別の思いを抱いたのか。「いや、違うでしょう」と高橋が語った。

高橋たちがアリアバードに下山したとき、村中の人たちが「初登頂、おめでとう」と祝福にきてくれた。

「いや、ぼくらは第二登なんだ。初登頂は別の日本人なんだよ」と言っても信用しない。

「頂上になにか証拠でもあったのか」

「いや、なかった。風に吹き飛ばされてしまったのだろう」

「それじゃあ、登ったかどうかわからないではないか」

「間違いなく彼らは登ったのだ」

「どうしてわかる?」

「登ったのを、ぼくらがこの目でちゃんと見たんだ」

高橋は「そう言ってやっと納得してもらったのですが、カリマバードのごく一部の人をのぞいて、ただ単に登頂のことを知らなかったのだと思います」と言った。

カリマバードやアリアバードの人びとが知るよりずっと早く、東京の長谷川事務所には「東海支部隊登頂」のニュースが届いていた。昌美が語る。

「夫の遺志を継いで、などというのではなく、私としてはあの山にきちんと対面して終わらせたい、という気持ちだった。今しか登ることのできない山に登っておきたかったのです。先に登られてしまった、と知ったとき、隊員たちは動揺しました。同行する予定だった人が二人、ウルタル行きをとりやめています。ただ頂上に立つだけでは意味がなくなったので、向こうに行ってからどこを登るかを決めるつもりです」

松岡は、山崎を見送ったとき、これで自分の山も終わりになるのか、と思ったという。だが、日本に帰ってきて、心は揺れている。もう一度、ウルタル南東ピラーを登りに行くかもしれない、いや、ほかに登りたいところはたくさんある、と言い、こうも続けた。

「山を登るものとしてではなく、人間そのものとしてなにかが変わったような気がする。今ははっきりわからないが、自分がいかに危険なことをしているのか、これだけは実感している」

同様に、高橋はこう言った。

「頂上に立ったとき、ああ、これでもうウルタルに来なくていい、ととっさに考えました。これからは、なんというか、もっと開かれた山登りができるのではないのか、と」

死者たちをふくめて、人間をとらえて離さなかったおそろしい山の呪縛はようやく解けた。ハッピーエンディングでもなければ悲劇的終幕でもない。あるいは、かくも人びとの心を駆り立て続けた初登頂の時代が、ウルタルとともに終わりを告げるのか——。

第八章　限りない優しさの代償

小西政継

1

「オレは酸素を持っている。せめてラッセルくらいはやらせてもらうよ」

一九九六年九月三十日、小西政継はそう言ってC3（約七六五〇メートル）を出た。時刻は午前十時。ブリザードが激しいため、早暁から待機していたのだが、ようやく風がおさまってきたので決断したのだ。登稜会の登攀隊長・三村雅彦（31歳）、隊員・有川博章（二十七歳）は無酸素。二人が三十分遅れて出発したときには、小西はもうはるか先を進んでいた。

三村の回想。

「風が強く、クラストしていたり、トレールが消えているところもあったが、ゆるやかな雪原では膝ぐらいまでのラッセルだった。酸素を吸っているにしてもこれはきついだろうな、と思ったが、遠くから見て小西さんの登り方は速くて追いつけなかった。『さすがだなあ』『やっぱりたいしたものだ』などと言いながら後を追っていった」

あとからの推測だが、小西は午後五時半ごろ頂上に達する。六時少し前、頂上までざっと四〇〇メートル、標高七九〇〇メートルあたりの地点で、三村、有川の二人は立ち止まった。日没は目前に迫っている。「どうしましょう、三村さん」有川の問いかけに三村が答えた。

「ここまで来たのだ。行こう」

そこに小西が頂上から確かな足どりで下ってきた。酸素マスクをつけているため、言葉にはならない。その代わり、腕を二度、三度と頂上に向かって振ってみせた。〈行け、行ってこい〉というゼスチュア。二人は新しい力が体内にわき出るのを感じ、最後の登りにかかった。

二人が頂上に立ったのは六時四十分。それより前、暗くなりかけたルート上から下を振り返って小西の姿を確認した。登っていったとき、そしてすれちがった際と比べ、動作が鈍くなっているのが明らかにわかる。遠目ではあるが、疲労の色ははっきり見てとれた。小西政継はこのとき、五十七歳十カ月と十一日だった。

2

石川富康は一九三六年生まれ。愛知学院大学学士山岳会会員。愛知県刈谷市在住でスポーツ用品店を経営。二十二歳のとき、碧稜山岳会を創設した。著書『五十歳からのヒマラヤ』(山と溪谷社)のなかでこう書いている。

〈山登りなんて、まるで幼児のままごと遊びのようなものであっても、私にとっては、いつまでも魅惑的で、未知の世界をかい間見せてくれる大切なものである。満たされぬなにかを求めて、より高く、より困難を求めて、激しい夢を抱きつづけた青春時代。そんな気持ちをいつまでも持ちつづけたい……〉

五十歳を過ぎて八〇〇〇メートル峰への欲求がいよいよ高まり、九一年、同じような年ごろの仲間が集まって作った同人「シルバータートル」隊でチョ・オユー(八二〇一メートル)に登頂。九四年には愛知学院大学隊のクライミング・リーダーとしてエベレスト(八八四八メートル)南稜から頂上に立った。五十七歳。エベレスト登頂の日本人最高齢記録だった。

このシルバータートルに入れてくれないか、という声が小西政継から届く。

石川の回想。

「同人たちの反応はまちまちだった。いいじゃないか、という人もいたし『え、あの小西さん？　偉すぎるんじゃないか』とためらう人もいた。たしか一度は断わったと思う」

小西は石川の二歳年下の三八年生まれ。山学同志会の強力なリーダー。ヒマラヤで「無酸素、シェルパレス、バリエーション・ルート」を旗印に先鋭の闘いを展開した人物。八四年、株式会社クリエーター9000を設立したあと事業に専念、山から遠ざかっていたが、彼もまた「激しい夢」を捨てずにいたのだった。

シルバータートルの同人たちは結局、受け入れることにし、九四年、ダウラギリ1峰（八一六七メートル）に遠征、石川、小西ら五人が頂上に達した。石川が語る。

「ヒマラヤはもう十年も来ていないし、みなさんにはついていけないと思うので、と言っていつも遅く出るのだが、着くのは誰よりも早い。休憩なしで歩いているのだ。それほどの強さと実績を持っているのに、まったく偉そうなそぶりがない。でしゃばることもいっさいしない。なによりも人に優しい。細やかな心遣いを常に忘れない。この人とならこれから先もずっといっしょにやっていける、やっていきたい、と思い『毎年、ヒマラヤに来よう』と話し合った」

九五年はシシャパンマ中央峰（八〇〇八メートル）を登った。そして九六年。その年の三月。マナスル（八一六三メートル）遠征を計画し、登山許可申請などの手続きのためカトマンズに滞在していた登稜会（会長・中村正幸）の石井清に、現地で登山隊の業務を手伝っている旅行会社から「どこかの隊で今年マナスルに入る計画があったら教えてくれないか、と石川さんに言われている」という話が持込まれた。シルバータートルは同人組織で日本山岳協会に加盟していないため、登山許可申請に必要な推薦状をもらえない。そこで、小西・石川の二人を形だけその隊に加えてほしいのだ、という。石井が語る。

「われわれの話は伏せておいてほしい、とまず言った。小西さんとは何度か会ったことはあるが、石川さんとは面識がなかったからだ。しかし、いろいろ調べてわれわれの計画を知ったのだと思うが、日本に帰ったあと、五月になって小西さんが会ってほしいと言ってきた。それによると、小西さんは会社の仕事の都合で参加できるかどうかわからない、石川さん一人になるかもしれないがどうだろう、と言われるので、それでは困ると答えた。一週間後、小西さんも行く、ぜひ入れてほしい、ベースキャンプまではいっしょに行くが、そのあとは別の行動をとるから、ということだった」

登稜会隊のメンバーは隊長の石井が四十七歳だが、登攀隊長の三村、隊員の杉山敏康（二十七歳）、有川といずれも若い。そのうち、二人はマナスル行きのために会社を辞めている。それほどの決意で結集した隊に、突然「よそもの」しかも大物中の大物に入ってこられたらなにが起きるかわからない、という危惧があったとしても不思議はない。それはシルバータートルに一時拒絶反応があったのと同様、当然のことだったが、学ぶことも多いにちがいないとして受け入れることにした。ただし、BC以後は別行動。雇うシェルパも別。もちろん、予算も別、という条件。

八月十四日、成田を出発。二十五日、ヘリコプターでベースハウスのケルモ・カルカ（三八〇〇メートル）入り。そのときすでに「便宜的混成隊」とでも呼ぶべきこの隊に変化が生じていた。

有川が語る。

「ぼくらは小西さんの本を読んで山を登り始めた。すごい人だ、雲の上の人なのだと考えていた。ところが、いざ実際に接してみると、そういうへだたりをまったく感じさせない。ケルモ・カルカに着いて『さあ、みんなで登るんだぞ』と言われたとき、ぼくらを対等の仲間として考えていてくれるんだ、と知ってほんとうにうれしかった」

杉山も言った。

「オレは若かったころこんなことをやった、あんなこともできた、といったたぐいのことはただのひと言も言わなかった。昔話さえしなかった。いつもぼくらの気持ちを盛り上げようと気を使って愉快な話ばかりしていた。すばらしい人だなあ、と心底思った」

隊長の石井より十歳年長。杉山、有川との間には二十歳の差がある。本来ならどうにもならないはずの年齢差を埋めたのは「あの人の優しさだった」と隊員たちは言う。

石川によると、行をともにした二回の遠征中、小西はけっして人前で靴下を脱がなかった。七一年、三十二歳のとき、厳冬期グランド・ジョラス北壁ウォーカー稜での十一日間の闘いで、両足指をすべて失っている。その足を石川はマナスルで初めて見て息をのんだ。指のない足の裏に五つの盛り上がりができている。「タコ」

が固まったものなのだろうが、ハンディキャップを克服し、みずからの意思で作り出した「新しい指」なのだった。

そういうすごさと、なおかつ、たぐいまれな優しさをもった人物に、若い隊員たちはあっという間にひきつけられた。

BC（約五〇〇〇メートル）に入ったのは、八月三十一日だった。

3

石川、小西が雇った二人のシェルパのうちの一人、ニマ・ドルジェ（41歳）はエベレストの頂上に六回立ったのをはじめ、何度も八〇〇〇メートルの山を経験している。かつてはシェルパは登山隊の単なる補助要員だったが、今は違う。ルートの選定、ルート工作など主要な役割を演じる。小西は、シェルパと酸素の助けを借りてダウラギリ1峰に登ったあと「初めて経験したエグゼクティブ登山」のタイトルでこう書いている。

〈うまいものをたらふく食べて、シェルパをたくさん雇って、ルート選定、工作、荷上げ、各キャンプの設定などをすべてやってもらい、酸素を吸って登ることを基本とする隊。無酸素、未踏、バリエーション・ルートからの登頂が八〇〇〇メートル峰登山のモットーだった若いときなら、こんなの山登りじゃねーとなるが、歳もとったし、アルピニズムなどという道楽をそうむずかしく考えず、この歳になって体が高所で動くか動かないかをポイントにした〉(『山と溪谷』九五年三月号)

動くとわかったからこそ、五十代の半ばを過ぎてのヒマラヤ通いが始まったのだった。

九月九日、ABC入り。ニマ・ドルジェらが先頭に立って、二十日C1(約六三〇〇メートル)、二十四日C2(約七一〇〇メートル)、二十七日C3(約七六五〇メートル)と、キャンプを延ばしていく。

C1に向かう日、小西が言った。

「もしオレが帰ってこなかったら、われわれの予算はこのとおり、ちゃんと分けてある。あとをよろしくね」。石川は「なにを言ってるの、そんな」と答えた。

二人は二十六日、シェルパ二人とともにC2を出発する。石川は午後二時半、シェルパ一人とC3に着いたが、遅れ気味だった小西がいくら待ってもやってこない。シェルパを呼びに行かせたところ、キャンプの約一〇〇メートル下まで来ながら「体の調子がよくない」と、C2に引き返したことがわかった。

二十七日、石川はシェルパを同行し、午前五時に出発。午前十時、頂上に達し、午後三時ごろ、C3に戻った。目が激しく痛み、頭痛も加わり、意識がかすみがちとなる。苦痛を押して午後五時ごろ、小西が休養しているC2にたどり着いた。シェルパのツリン・ドルジェ（二十二歳）はそのままC1へ。

二十八日、小西はニマ・ドルジェに、衰弱した石川についてBCまで下りるよう命じた。

石川が語る。

「山に入る前、ツリンは弟分だというダワ・テンジン（十九歳）を連れてきて、いろいろ修業させたいので同行させてくれ、と頼んできた。言うとおりにしたのだが、BCに入ってダワはすぐ頭痛が始まり、みるみるうちにやせ細っていった。あまりにも具合がよくないのでサマに下ろしたのだが、ツリンはそのダワのことが心配でならない。そこで小西さんは、登頂のあとC1に下りたツリンをそのまま、ダワのようすを見にサマへ行かせた」

二人のうち一人はこうして戦列を離れ、もう一人、しかももっとも頼りになるニマ・ドルジェは石川につき添ってBCに下りた。

別れ際、小西はこう言ったという。

「石川さん、頂上に立ててよかったね。これを持っていくといい。よく効くよ」

プラスチックの容器が五本入ってセットになった目薬だった。

登稜会隊に割り込むような形で入ってきた小西だが、このときにはもう、若い隊員たちとの間に親密な関係ができあがっていた。BCからあとは別行動、などという約束はとうに消えている。

三村の回想。

「二十六日、C2に戻ってきたとき、小西さんは体がしびれる、高度順化ができてないのかな、などと言い、具合が悪そうだった。息も荒かった。なのに二十七日の昼ごろになると、水を作ったり、メシの用意をしたりして働いている。『ぼくがやります』といくら言っても『オレがやる。いいから、いいから。三村ちゃん、あんたは寝てろ』とやらせてくれない。自分自身は食べないのに、そうやってぼくの面倒を見てくれた。なんとカッコいい、すばらしい人なのだろうと心から思った」

のち、妻の郁子が語った。

「そうですか。登稜会の人たちが、夫は優しかった、と言って下さったのですか。ありがたいことです。私の口から言うのもなんですが、家庭でも優しい夫、父親でした。私たちの家（一男一女）では四人全員がお風呂に入って、それから夕食ということになっているんですが、三人ともお風呂がすんで、私一人が台所で料理の下ごしらえなどをしていると、夫は『早く風呂に入れ。あとはオレがやる』と言ってきかない。いつもそういう調子なのです。ご飯を作るのには慣れているんですよ」

二十八日、杉山はシェルパ二人とともに登頂。小西と三村はC3へ。小西は三村より四時間ほど遅れた。同じころ、杉山ら三人が頂上からテントに帰り着いた。小西が口にしたのはお茶だけ。

二十九日、早朝からブリザード。停滞。有川がC3に入る。

4

九六年五月、チョモランマから下山途中、三人の隊員を失ったインド・チベット国境警察隊が「日本の福岡隊が救助してくれなかった」と非難した問題について、小西はこう書いている。

〈八二年、日本山岳協会隊でチョゴリ（K２）を無酸素、シェルパレス、全員登頂の目標を掲げて組織したことがある。出発前に十人の隊員に次のように言ったことを覚えている。

「僕が八五〇〇メートル地点で限界になり、くたばっていても、皆さんは助ける必要はありません。なぜならこれは僕個人の失敗であり、自分の力を考えればもっと低い地点で下山しなければならないのに、突っ込んだから悪いのです。逆に、皆さんのだれかが頂上付近で倒れていても、僕は絶対に手を出しません。八六一一メートルを無酸素で勝ち取るには、これは常識的なことです」〉（『山と溪谷』九六年七月号）

今、試みているのはそういう極限の登山ではない。本人自身が「酸素とシェルパつきのエグゼクティブ登山」と表現した五十七歳の山である。そういう登山の最終局面で、卓越した力を見込んで雇ったシェルパがそばにいなかった。小西自身が決断して下に下ろしていたのである。弟分を心配するツリンに同情したためか、あるいはBCまで石川を連れて下りたニマを再びC3に呼びもどす気になれなかったのか。決断の理由については誰も聞いていない。

九六年九月三十日午前十時、まず「七時間はもつ」という酸素ボンベを背に小西がC3を出た。三村、有川、シェルパ一人が無酸素で三十分遅れて出発。間もなくシェルパは足の具合がよくないと言って引き返す。これでシェルパはまったくいなくなった。三人だけの闘いが始まる。

三村と有川は登頂後、ヘッドランプをつけて下山にかかる。広い斜面でしばしばルートを失い、なかばさまよいながらC3へ。

三村が語る。

「二時間ほどしたころだったろうか、時間にして午後九時ごろ、七八〇〇メートルあたりだったと思う。小西さんが腰を下ろして休まれているのをみつけてびっくりした。ヘッドランプは持っていなかった」

小西は装備について実に周到で、ピッケル、アイゼン、靴、手袋など、いつもスペアを充分に用意している。だが、マナスルにはヘッドランプをひとつしか持ってきていなかった。大型の重いものだったが、C2に入ったところで点灯しなくなってしまった。苦心して修理を試みていたのを石川は目撃している。のちそのヘッドランプはC2に残されていたことがわかった。

以下、三村の話。

「どうしました、小西さん。さあ、いっしょに下りましょう」

「ああ、疲れたなあ……」

小西のザックは有川が背負った。なかには空になったボンベが入っていた。三村が小西に肩を貸して下降を始める。有川が先頭、その後ろから三村、小西。暗闇のなか、いつの間にか有川の姿が見えなくなる。よろめきつつ、必死の下降。三村も消耗がどんどん進んでいく。午後十一時ごろ、三村が提案した。

「仕方ない。ビバークしましょうか」小西が答える。「そうだな、穴掘るか」

三村は両足の間の雪面にピッケルを刺し、それにもたれて眠った。午前二時半ごろ目を覚まし、小西のようすを見にいったが、いたはずのところにいない。暗闇に向かって声を振り絞って名を呼ぶと、返事が返ってきた。

ようやくたどり着くと、小西が言った。

「早くテントに連れていってくれ」「ぼくもまだもどっていないんです。上に岩場があります。あっちの方が風当たりが少なそうなので行ってみてきます。待っててください」

「おお、そうか」

三村は、小西の長いピッケルを借り、自分のピッケルを残し、五〇メートルほど上の岩場に登っていった。ビバーク・サイトを確認し、小西を連れに戻る。姿はなかった。必死に声をかけても、今度はもう返事がない。暗闇のなかを歩き回って探し求めたが空しかった。せめてヘッドランプがあったら目印になったのだが、それはなかった。

午前六時ごろ、三村のトランシーバーがC3と通じ、BCにリレーされて石川は異変を知った。三村は夜の闇からは解放されたが、今度はホワイトアウトのなかに落ち、方向感覚を失う。下っては登り、登っては下るの繰り返し。彷徨。何度も何度も幻覚を見た。

石川の回想。

「トランシーバーの交信で、三村君は小西さんがいなくなった、小西さんを探してください、みつかりましたか、とそればかり言っていた。私は『あの人は大丈夫だ。心配するな。それより自分のことを考えろ。生きて帰るんだぞ、がんばれ』と言い続けた」

一時、行方不明だった有川は独力でC3にたどり着いた。三村は十月一日午後四時半ごろ、C3上部で意識朦朧となっているところをシェルパに救助された。

小西の行方の手がかりはまったく不明。二日の捜索も無為。以後、三、四、五日と吹雪。

石川が捜索断念、C2からの下山を提案すると、消耗の極にあるはずの若い隊員が猛然と異議を唱えた。「小西さんといっしょに下りる。見つけるまでは絶対に下りない」と頑強に言い張る。石川は声を強めて説得した。

十月七日、一行はC1の下でヘリコプターに救助された。

妻の郁子が語った。

「若い人たちとお友だちになれ、よくしていただいて、しあわせでした。でも小西はいつも『山では死なない』と言い続けていました。山と家庭と仕事をどれもおろそかにせず、精いっぱいやってきたのです。このまま山のなかではかわいそうなので、きっと山から連れて帰るつもりです。どんなことをしてでも……」

本人よりさきに、長いピッケルは三村の手を経て小西家に帰ってきている。

小西は「初めて経験したエグゼクティブ登山」の最後をこう結んでいた。

〈若いときと比べると体力も気力も半減した中高年になったが、胸に宿るヒマラヤへの情熱だけは昔も今も変わっていない。残りの人生もあとわずかなので、ここ十年くらいは毎年一回ヒマラヤ通いを続けるつもりである〉

そういう十年を始めて三年目、それがマナスルだった……。

終章　「人間の尊厳」と夫・佐瀬稔の最期

――佐瀬　禮

1

寒い日が続いておりますが、いかがお過ごしでいらっしゃいますか。

さる一月二十八日、東京・世田谷の至誠会第二病院を退院することができました。入院中にお寄せいただきました暖かいお見舞いに心からお礼申しあげます。生まれて初めての入院生活で、どれほど励みになったかわかりません。自分勝手に暮らしてきたわが身を思えば、まさに過ぎたるご厚情でした。

退院する日、病棟で知り合いになった入院中の紳士に「感想はどうですか」と聞かれ、こう答えました。

「自分の命がいかに多くの人たちに支えられていたのかについてしみじみ考えました。自分ひとりの命ではない、ゆめゆめ粗末にしてはならない、ということが身にしみてわかったつもりです」

紳士は笑って言いました。

「そのとおりですよ。元気になっても、そのことをけっして忘れてはいけません」

どうやら、私とは違っていろいろな人生経験を積んだ人のようでした。

家の近くの医院から救急車で病院に運び込まれたのが暮れの十二月十六日。ただちに「腸閉塞」と診断され、十九日、手術。腸の内容を外に出し、腫れがひいたあとの一月七日、あらためて腸の閉塞部分（約二〇センチ）を切除する手術を受けました。担当のドクターの話によれば「入院したときは危険な状態だったが、二度の手術はすべて順調に終わった」ということでした。

今は家の近くをせっせと歩き、体力回復のリハビリテーションにつとめています。かたわら、原稿執筆などの仕事を再開しました。予定していた長野オリンピックの取材にも出かけるつもりでいます。あいも変わらずの暮らしですが、自分は誰のおかげで生きていられるのかについては、平成九年十二月十六日以前とはまったく違う心構えの日々になるはずです。

繰り返しますが、ほんとうにありがとうございました。ご恩はけっして忘れません。

＊

これは、夫・佐瀬稔が一月の退院直後に送った手紙です。この手紙を書いてからわずか三カ月後に亡くなってしまうとは、誰も思ってもみなかったことでした。

三月末に二度目の入院をしたその後の約二カ月間、夫は何も食べることができませんでした。医師にはできる限りのことをしていただきましたが、なんら症状の改善はみられず、日に日に悪くなってゆくばかりでした。それでも夫は、最後まで明るく、逆に私たち家族を励まし、笑わせてくれていました。病室での会話にタブーはなく、食べ物の話もたくさんしていました。

当直医から「午前一時十八分、残念ながら……」とその死を宣告され、看護婦さんたちが夫の身支度をしてくれるのを待つ間、主治医の先生がいらっしゃって話してくださいました。

「治療の効果がみられないのに、医師にその愚痴をこぼさない。けっして治療方法に疑問を抱かない。文句も叱責も当たり前のような入院生活なのに、かえってこちらの方が慰めてもらったし、教えてもらうことのほうが多かった」

夫の病を知り、たくさんの涙を流しました。痩せてゆくその姿を悲しく見続けるしかありませんでした。でも彼はいつも言っていました。

「僕は患者のプロに徹する。お医者様を治療のプロとして信頼する。それだけのこと」

自分の身体のことです。自分の生命のことです。それなのに、ほんとうに夫は一言も何も言わなかった。どうしたらこんなにも自分をつき放して考えることができるのでしょうか。医師から「痛みだけは我慢しないでください。病気を治すためには我慢も必要ですが、痛みを我慢しても病気は良くなりません」と言われていました。その医師の言葉に従って、夫が口にするのは「ちょっと痛いのですが」「ひどく痛むのですが」だけ。自分の身体の治療なのに、その方法について質問をすることもありませんでした。むしろ看護婦さんが点滴や検温などで病室にいらっしゃった際、「看護婦さんもやりにくいだろうな。小姑がこんなにたくさんいると」と言うくらいでした。病室には、いつも必ず私と娘たちがいて、看護婦さんの行動をじーっと見つめていたからです。

夫は、自分の意志の力ではもうどうすることもできないこの癌という病気に対し、じたばたあがくのはやめよう、すべてを医師というプロの手に託し、自分のできることだけを頑張ろうと考えていたのです。だからといってけっして回復を諦めたのではありません。最後まで生きることへの希望を棄ててはいませんでした。なりたくてなった病気ではないけれど、それはもう、自分の力の及ぶものではなく、その病に向き合い、最後まで死に怯えることなく自分自身を失わずにいたい、と思っていたのでしょう。

多くの登山家の方々が、自らの夢に心ふくらませ挑む山。でも、そんな人びとのなかには、どうしようもない事故で生命を落としてしまう方もいる。あの長谷川恒男氏の「畳の上で死にたい。山が好きなのだから山で死にたくない」という言葉を思い出します。そしてまた長谷川氏でさえ、その願いを果たすことができなかったことを……。夫は、そのような登山家の姿に自分自身を重ねていたのかもしれません。

彼はいつも山のことを「人間の存在すら許されていない場所」と言っていました。そしてまた、その山に挑戦する人びとを「登り、下り、すり減っていく己れの生命を凝視するのだ」と。生と死とがあまりに近くにありすぎる山。その山に、誰のためでもなく、ただただひたすらに自分のためだけに登るからこそ、そこで人は美しく、強く、眩いほどに輝くのでしょう。

フリーランスという仕事もまた、たった一人で自分を見つめる厳しいものです。強いもの、大きなもの、権力に媚びることなく颯爽としていなければならない仕事です。山のようにすぐそこに死があるわけではありませんが、けっして楽な道を選んではいけない、逃げてはいけない、それだけが自分が仕事を続けられる唯一の方法、と言っていた夫にとって、まさに山をめざす方々は同志と映っていたのではと思います。ただ、今回がこれまでと違うのは、彼の意識のなかのとても近くに死があった、ということです。夫が生前、よく話してくれたラインホルト・メスナー氏の言葉があります。

「生と死について私は三つのことを考えています。まず第一に、死の危険のないところには私は行かない。第二に、行ったら必ず死んでしまう、生き残れるのは偶然しかない、そういう場所にも行かない。たしかに死の危険はあるけれども、生き残れる可能性のある場所だけに行く。そこで、あり得るかもしれない死に直面したとき耐える。対抗して生きていく、ということです。多分、私は誰よりも生きるのが好きな人間だろうと思います。死に直面したとき、生が非常に凝縮された形で味えるのです」

癌は彼にとって、最後に挑戦すべき「山」でした。それはメスナー氏のいう第三番目の場所だったのです。その山で、最後の瞬間まで強靭な精神を持ち続け、耐える。佐瀬稔という一人の人間の生命を見つめる。すぐそこに死の気配が漂う病室で、でも、だからこそ真摯に自分自身でありたい、と切に願っていたのです。なぜなら、そうすることで、これまで遠くその背中を見てきた登山家に、その気高い美しさに一歩でも近づけるから……。夫の心のなかには、轟々と、この癌という山を征服したい、という思いが燃えたぎっていました。その思いを、病床よく口にした「人間の尊厳」というもので彼自身の心のなかに密かに閉じ込めていたのでしょう。夫を見守るしかない私たちも、何もしてあげられないもどかしさをやはり笑顔の下に閉じ込めるだけ。そして今、ひしひしと「人間の尊厳」という言葉の重みを感じています。夫は何よりもあの長い長い、何も口にすることのできない入院生活の間、「人間の尊厳」を自分の存在と同じものにしたかったのではないかと思えるのです。その尊厳の大いなる力で苦しみや恐怖を自分の内にだけ隠し、静かにつらい治療を耐え、私たち家族に悲しくとも笑みのある闘病生活を見せてくれたのでしょう。

2

平成九年十二月十五日

「ちょっと便秘気味でつらい」と言っていたが、食欲すらもなくしてしまった。減量中のボクサーがよく食べるものと教えてくれたビーフスープを作るが、それも飲もうとしない。無理やりスープを飲んでもらうが、すぐに吐いてしまう。あまりに様子がおかしいので、早朝のラジオの仕事の後、かかりつけの内科医へ。本人は「頑固な便秘」と申告し、下剤を処方してもらう。

十二月十六日

処方された薬を飲んでも、便通はない。朝からしゃっくりが止まらない。食欲はまったくなく、ほうじ茶を飲んだだけでもどす。再び内科医へ行き、そこからの紹介で外科へ。大変な病気とは考えもせず、彼一人で、自転車に乗って。帰りが遅いのを心配し、様子を見にいく。待合室の長椅子で点滴を受けていた。その点滴が、栄養剤だったのか、便通を促すためのものだったのか、よくわからない。夫から何か言われたのかもしれないが、覚えていない。もしかしたら、彼自身もよくわかっていなかったのかもしれない。夫のほかにも待合室には横になって治療を受けている患者さんがいる。私が座る席さえあいていないほどの混雑。いくら病室がいっぱいでも長椅子で点滴する姿は哀しい。でも、その時もまだ、夫も私も何も疑っていなかった。ただの便秘。そう信じていた。

「時間がかかるので、先に帰っていなさい」

と言われ、家に戻る。もちろん、夫も点滴を終えたらすぐに帰ってくるだろうと思い、彼のために自転車はそのまま病院に残して。

夕方、点滴を受けていた外科から電話があり、突然、その外科の院長自らが運転する救急車で至誠会第二病院へ入院することになる。パジャマなどを取りそろえ、急ぎ病院へ行くと、夫はもう病室にいた。時間も遅かったので特になんの検査もなく、説明もない。

十二月十七日

悪い病気だとは少しも考えていなかったので、面会時間の午後三時を待って病院へ行く。夫はすでに検査を終えていた。夕方の回診にきた医師に呼ばれ、一人ナースステーションへ行き、病状の説明を受ける。医師の言葉はあまりに素っ気なかった。

彼の病気は、便秘ではない。大腸癌、しかも進行性の癌である。まさか！　お父様に限ってそんなことはない。これまでほんとうに健康だったのに。お酒が好きなので、胃潰瘍を心配したことはあったが、まさか癌なんて。嘘だと言ってほしい。

病院を出るとタクシーが止まっていた。が、タクシーには乗らずバス停まで歩く。まだ誰とも話したくない。それがたとえ行き先を告げるだけだとしても。頭のなかが真っ白というのはこういうことだったのか。ふらふら歩いていたので、バス停を通りすごし、ひとつ先の所でやっと気がついた。バスの窓から町の風景をただただぼんやり眺める。バスのゆったりとした時間のなかに呆然と身をゆだね、私がしっかりしなければ、と自分に言い聞かせる。以前、夫に冗談まじりで「もしお父様が癌になったらどうする？　告知してほしい？」と聞いたことがある。その時、彼はきっぱりと答えた。

「僕はぜったいいや。癌だと教えてくれなくていい」

そんな彼にこれからどう接していけばいいのか。でも、今はまだそんなことより、癌であることが間違いであってほしい。

十二月十八日
夫と私、そして二人の娘たちと勢ぞろいして担当医師より治療の説明を受ける。医師は、淡々と説明する。

便秘の原因は、大腸にできてしまった癌であること、癌を取り除くためには、まず腸の内容物を出してしまわないといけないこと。そのため、手術は二回。一回目の手術で腸の内容物を出すために人工肛門設置の処置を、お腹がすっきりとしてから二回目の手術で癌を切除するという。彼は驚くほど冷静に説明を聞く。そして医師に「よろしくお願いいたします」とだけ言う。

結局、夫に自分が癌であることを知らせてしまったのは、嘘をつきとおすことはできないと感じた医師の判断だった。どう受け止めたのだろう。数年前、私は兄をやはり大腸癌で亡くした。その兄の姿に彼自身を重ねているのだろうか。いや、以前インタビューした人工肛門をつけ、見事に仕事に戻られた俳優のことを思い出してくれているはず。そう、いつだって夫はきっと前を向いて歩いてきたのだから。癌という病名に怯えずに頑張ってくれるはず。

思ったほど動揺せずに医師の説明を聞いた夫は、一番に私のことを考えてくれていたのだと思う。彼が不安を口にすれば私が悲しむということをよく知っていたから、つとめて前向きに静かに現実を受け入れたのだ。

3

翌十二月十九日、彼は一回目の手術を受け、人工肛門をつけてもらいました。腸がパンパンに腫れ上がり、盲腸は裂けかかっていたといいます。一日でも遅かったら、腹膜炎を起こして助からなかったと、言われました。手術室から戻った彼は、まだ麻酔で朦朧としていたものの、両手をギュッと握り、「頑張るぞ、こんなことでくたばらないぞ。頑張るぞ」と、何度もかすれた声で繰り返していました。

クリスマス前だったので、夕方、何人かの看護婦さんたちがクリスマスソングを歌いながら病室の前を行進しました。その歌声がよく聞こえるように病室のドアを開けると、彼は時には歌を口ずさみ、「ブラボー!」と拍手喝采を送っていました。まだ声はかすれて弱々しいものでした。でもクリスマスソングに元気づけられたのか、私たちを笑わせてくれました。

「麻酔がこんなにいいものだとは知らなかった。お酒よりずっといいよ」

麻酔のためあまり声が出ず、午後五時、筆談で「みんな、ありがとう。なにかうまいもの食べて帰って下さい」。こんな時まで、自分のことより私たち家族のことを思いやってくれる夫の優しさに、思わず涙が出そうになりました。これからまだ道のりは長い。みんなの心をひとつにして頑張っていこうと誓いました。

医師から、腸の内容物を出し、腸の腫れを取ってから癌を切除するので手術は年を越してからと説明されました。あせらないでと願う私の心は届かないのか、術後二日目にはもう原稿を書く夢を見たといいます。眠っている間も、夫の指はワープロを打ったり、草むしりしたりと、忙しく動いていました。

そして術後一週間目の十二月二十六日、ボクシング雑誌の原稿を書きました。いつも「厳しいことにあえて向かってゆく。それが生を確かめる唯一の手段」と言っていた夫にとって、痛みと発熱と、そして自分が癌に侵されていることを知って初めて書いたこの原稿こそ、生き続けてゆくための第一歩だったのでしょう。本人の十二月の仕事のメモには「死力をふりしぼって書く」とありました。

年末年始は、一時退院を許されて家で過ごしました。娘たちは旅行に出かけ、二人きりです。これまでずっと夫の仕事だった門松を、今年は私が飾りました。門松を飾る間、ずっと涙が出て仕方ありませんでした。絶対に治ると信じていても、心のどこかには死への恐怖感があるのです。いつもと違うことがこんなに悲しいことだと、初めて知りました。

病院に戻った夫は、一月七日に癌切除の手術を受けました。午後四時半すぎ、病室に戻ってきた夫は、声をかければ返事はするものの、「頑張るぞ」の言葉も、握り拳もありません。ガタガタ震えながら、眠っているだけです。医師から切除した腸を見せてもらいながら、説明を受けました。切除した腸は二〇センチほど、癌細胞はすでに大腸の外壁にまで出ていたそうですが、目で見る限り腹膜や肝臓などへの転移はないとのことでした。

癌とはいえ肉体の一部を切り取ったのですから、前回ほど順調には進みませんでした。痛みと発熱が続き、ベッドに起き上がり座ることすらつらそうでした。それでも病室でインタビューを受けたり、打ち合わせをしたり、仕事への情熱だけは失わずにいたのです。もしかしたら夫は、病室という非日常の生活のなかに、仕事という日常をもちこむことで自分の生命を確かめていたのかもしれません。

4

一月二十四日

早く家に帰りたい夫の気分を察してか、朝の回診で一泊の外泊許可が下りる。電話で話す彼の声は、喜びにあふれている。入院以来、初めてぐっすりと眠れたという朝に、一泊だけだけど、家に戻れる嬉しさ。

昼過ぎ、帰宅。テラスに座り庭を見つめる。「グランパ」の帰宅を喜び、残雪の庭を孫たちが駆け回る。呆然とその姿を見つめ、そして突然、両手で顔をおおい肩を震わす。「自分の家が一番、家族が一番」。久しぶりに家族六人そろっての夕食。笑顔があふれる。

だが、その笑顔の下に私は不安を隠していた。病院へ夫を迎えに行ったとき、たまたま一人でいた娘の前を彼の担当医が通りかかった。娘が外泊許可のお礼を述べると、その医師が話したという。

「残念です。お父さんの癌は悪性の進行が早いものでした。なるべく抗ガン剤などのつらい治療を避け、病院にしばりつけないで、残りの生活を有意義に過ごせるようにしたいと思います」

その時、ふと娘は思ったという。まるでテレビドラマを見ているみたい、と。ドラマでは、「あとどれくらいでしょうか」という、お決まりの台詞が娘の口から出るのが普通なのだが、現実には、娘は何も言わなかった、言えなかったのだ。その言葉を理解するまで、とても時間がかかった、と娘は言う。彼女の口から医師のその言葉を聞いた私ですら、すぐにその意味がのみこめなかったくらいだ。虚と実の世界の違い。確かに手術後はっきりと、医師は、転移はなかった、と言った。でも、それはただの気休めだったのか。それとも、いま現在は転移がなくともそれは時間の問題、ということだったのか。あんなに頑張っている夫の姿を日々目にしているだけに、今日のこの家族の団欒は、なんとも言葉に表わせない悲痛で幸福な時間。今日は永遠には続かない。

一月二十八日

ついに退院。

家に戻るなり、書斎へ。しばらくじっと椅子に座り、その感触を確かめている。帰ってきたこと、生きていること、日常の世界へ戻ってきたことを、その椅子の上、じっとかみしめているかのようだった。病院で書いた手書きの原稿をワープロに打ち込み、送稿。

「今月は、二十二枚しか原稿が書けなかった」

「これからは、のんびりゆっくりとやってゆきましょうよ。お父様は、仕事のしすぎだったのよ」

＊

入院した十二月は、家のベッドで眠ったのはたったの一週間だけでした。アメリカへの取材旅行、週二回のラジオのレギュラー、その合間をぬっての原稿執筆とほんとうに忙しい毎日でした。どんな小さな原稿でも、現場を取材しないと書かない現場主義、ラジオで話すことも自分で取材しないと気が済まない生真面目さが、彼の寿命を縮めてしまったのでは、と思うことがあります。

退院後、しばらくはのんびりしてくれるかと思ったのですが、逆でした。

「こんなことでくたばったなんて思われたくない。だからたくさん仕事をして、あちこちに顔を出すぞ」

退院四日後には、朝六時半に家を出て、ラジオの仕事に復帰しました。朝八時からの十分ほどのコーナーですが、スポーツコメンテーターとして十年続けてきた仕事です。退院後、少し食欲も落ちてきて心配する私に比べ、夫は仕事に戻ることの嬉しさが隠せないようでした。

二月五日、記者章を取りに長野へ行く夫に同行しました。食事も普通に戻っていましたが、まだ退院して一週間。やはり心配だったのです。

歩く姿はまだ少し弱々しいけれど、仕事への執念がメラメラと燃えるように見えました。長野に着き、顔見知りに挨拶をし、試合会場を下見していると、だんだんと元気が戻ってきたかのようでした。試合会場への移動方法などを確認した後、帰りの新幹線ではすっかり無口になり、こちらから話しかけられないほどでした。きっと長野での仕事について考えていたのでしょう、目だけがギラギラと力強く輝いていました。

仕事に戻ったことをアピールするためと、深夜のオリンピック特別番組に出演を決めてしまいました。まだ、本人も体調に自信がないのでしょう。オリンピックへも日帰りでと言っていました。けれど、その不安を消すかのように、次々と仕事をこなしてゆきました。とにかくたくさんの仕事をして、自分の存在を見せつけないとやってゆけないのが、夫の仕事なのです。ラジオ、オリンピック、テレビ出演、そして原稿執筆に講演活動。長野に大阪、そして毎年恒例のプロ野球キャンプ地巡りで宮崎、沖縄、広島へとあちこちに出かけ、目が回るほど忙しい二月でした。でも、いつでもどんな時でも、好奇心と喜びを見つける夫は、体調に不安を抱えながらも満足そうにその忙しさを過ごしていました。どんなに仕事をしてもまだまだ足りない。もっともっと仕事をとても思っているかのような、日本全国を駆け回った一カ月でした。

それでも、退院したときに約束した「のんびりする」ことも忘れた訳ではありませんでした。近所の羽根木公園へ梅を見にも出かけました。孫たちが春休みに入るのを待って、家族全員でハワイへも行きました。

「入院・手術とみんなに心配かけちゃったからね。暖かなハワイでのんびり泳ごうね」

でも、実は出発二、三日前より胃が痛みだし体調がすぐれず、ハワイへ着いてからは、ほとんど何も食べることができなくなってしまいました。心配して帰国を早めようと言っても、せっかく皆の骨休みに来たのだから、と聞き入れようとしません。ハワイの病院へ行って点滴の朝食をいただいて、夕方、日差しがやさしくなってからプールサイドにやってくる毎日でした。夕食は、ホテル内の和食店で特別に炊いてもらったお粥をほんの少し食べる程度。それでも、孫たちの泳ぐ姿に目を細め、いっしょにジャグジーに入り、仕事の時とはまた違ういつもの優しい眼差しを見せてくれていました。

5

三月二十七日

帰国。成田よりラジオ局へ直行し、二時間のラジオ番組出演後、そのまま家には戻らず病院へ。夜、ラジオ局のディレクターより電話。

「入院と聞きビックリしました。今日、放送したあのエネルギーはどこからきているのでしょう」

夫は、このラジオ番組ではじめてメインパーソナリティに挑んだ。毎回、企画からゲスト選び、そして自分も取材にでかけ、大事に育ててきたもの。その番組の今日が最終回。帰りの飛行機でもタクシーでもつらそうだったが、スタッフの前ではそのつらさを微塵も見せない。それは彼の意地か、生きることへの執着か。番組打ち上げのお誘いも「ちょっと用があるので」と断る。せっかく仕事に復帰して二カ月。まだまだやりたいことがたくさんあるのだろう。今はまだ、家族以外の誰にも自分の体調悪化を知られたくないのだ。スタッフと別れ、車に乗り込むと、もう肩で息をするほど。この二時間、夫は自分の生命を見つめ、その力を確かめていたに違いない。

三月二十八日

顔色よし。医師から家族への病状説明。

レントゲンからわかるのは、癌が肝臓へ転移していること、腸の一部の流れが止まっていること。おそらく腹膜に転移した癌が腸に閉塞を起こし、食欲不振・嘔吐をまねいているのだろう。

本人が胃痛だと思っていたのは、また癌による腸閉塞だったのだ。まだ、癌切除の手術を受けてから二カ月しかたっていない。肝臓への転移は左右二カ所に見られ、手術では取り除けないという。少しでも腸の流れをよくするために投薬、場合によっては手術、肝臓に直接抗ガン剤を打ち込む。この抗ガン剤は副作用も少なく、日常生活に差し障りのないものだ。ただしこの場合、抗ガン剤には癌の発育を遅らせる効果しか期待できないそう。癌がきれいに消えて無くなってくれることはない。いずれにしても、腹膜に転移してしまった癌には有効な手だてはなく、人生の締め切りが近くにきてしまったということか。ふと不吉な考えが頭をよぎる。自分の誕生月に亡くなってしまう人が多いと聞いた。今は三月、夫の誕生日は六月。

本人には、肝臓に影があると説明することにした。とても腹膜への転移までは話せない。

三月三十日

早朝、病院から迎えの車でラジオ局へ。病院に戻り、造影剤を飲んでレントゲンを撮る。医師から本人へ病状説明。

「腸の上部に癒着があります。なるべく早く手術をして癒着部分を切り取りましょう。肝臓にも転移の疑いのある影が見えるので、二週間くらい入院してもらって、念のため肝臓に抗ガン剤を打ちましょう」

こんなに早く、また癌という言葉を聞くことになるとは……。夫は何も言わない。

ただ静かに医師の声を聞く。家族だけになると、「どうやって、どこを切るんだろう」と首をかしげる。夫の腹部には、まるで線路のような大きな手術痕が残っている。

四月三日

午後一時半、足の付け根の動脈から抗ガン剤を投与。肝臓の血管の一部をふさぎ癌の成長を止める。肝臓の血管が入り組んでいたため、二時間ほどかかる。動脈に管を入れたので、その後六時間は絶対安静。寝返りをうつこともできずつらそう。痛みが襲ってくる。

「とっとと癒着部分を切ってしまって、ご飯を食べられるようになりたい」

肝臓の癌は自覚症状がないだけ、もっともの話。今はただひたすら、この二週間続いている腸の不快感を取り除いてほしいだけ。それだけなのだ。腹部は外から触れてもガチガチに固まっている。

四月五日

抗ガン剤の副作用か、痛み、微熱が続くが、早朝、ラジオ出演のため外出する予定。同行するつもりで病院へ行くと、入口近くの喫煙所で煙草を吸っていた。出かける支度をしようと病室に戻ろうとしたとたん、突然、黒っぽい液を吐く。本人は電話ででも出演しようとするが、キャンセル。

ときどき、強烈な差し込むような痛みが襲う。

鼻から腸までチューブを入れ、腸の内容物を出すことにする。

「佐瀬さんは平気そうにしていますが、この治療は患者さんにとって一番つらい、医者としてはやりたくない処置なのです」と、医師が説明してくれたその治療を、その後三週間も続けることになる。何も食べていないのに、管からは焦げ茶色の液が次から次へと出てくる。おかげでお腹がスッキリし、空腹感もでてきたという。

「こんな時、頭に浮かぶのはカツ丼だなんてちょっと恥ずかしいよ。でもおいしいカツ丼をガツガツ食べたい」

夕方の回診で医師より「近いうちに癒着をはがし、腸にバイパスを通す手術をしましょう。楽になるはずですよ」と言われる。とても機嫌が良い。

四月十日

手術当日。

庭に咲いた水仙、チューリップ、フリージアを持って病院へ。

「お腹がすかない。はっていて痛い」と嘆きつつ、花を見て庭を思い浮かべているのだろう、幸せそうな顔に。

十二時半、手術室へ。

三時、医師より説明を受ける。手術は予定よりも早く終わった。開腹してみると、腹膜への癌の転移で腸は鋳型のようにカチカチに固まっていて、少しも指の入る隙間がなかったそう。とりあえず癒着部分にバイパスを通し、腸の流れをよくするように処置。が、もう手の施しようがなく、腹膜に抗ガン剤をまいたものの、肝臓への治療も中止するとのこと。そして、締め切りをきられた。

「あと、一、二カ月です」

もう、本人には何も言えない。医師の宣告を信じたくない。

6

手術後も痛みは続いていました。発熱のため、点滴に解熱剤を入れてもらうこともありました。

「せっかく手術までしたのに、ちっとも良くならない。切られ損だ」

夫は腹膜への転移を知りません。だからなおのこと、病状が良くならないことに腹立たしい思いをしているのでしょう。何も口にできない状態がもう二週間も続いています。尿まで出なくなってしまうし、頭が痛いと訴えることも増えました。時に苛立つのも当然のことかもしれません。

手術から一週間、喫煙所近くにある新生児室からの赤ちゃんの泣き声を聞きながら、しみじみと話したことがありました。

「娘二人、孫二人と四人の誕生に出会えて、僕は幸せだ。赤ちゃんの泣き声は生命の力に満ちあふれ、こっちまで生きる力が湧いてくるね」

そして、初孫が誕生した時のことを二人で思い返しました。ボストンにいた夫は、初孫誕生の知らせを聞き、電報局まで走って電報を打ったのです。その文面を彼は今でもしっかりと覚えていて、私に教えてくれました。

「あふれる歓喜の涙とともに、新しくやってきたものにハロー！

With a burst tears of joy. Say hellow to our new comer !

from Boston with love」

赤ちゃんの泣き声につつまれ、あの時の喜びが夫に奇跡を起こしてくれるよう祈りました。

どんなに具合が悪くても、夫は、朝目覚めるとパジャマから洋服に着替えます。歯を磨き、顔を洗い、ひげを剃って、髪を整えます。それが人間の尊厳というのです。

もう自分の力で歩くことができなくなってからも、夫は病室で原稿を書き続けました。車椅子に乗っての喫煙所通いも止めませんでした。「食事もできない。仕事もろくにできない。今の僕にできる人間らしいことは、タバコだけだから」。やがてペンを持つ力すらなくなると、娘を書記に原稿を口述しはじめました。頭のなかに書き上げた原稿をすらすら読み上げます。枚数、字数は数えなくてもぴったりと合っていました。

四月の下旬から、昼間は自宅で、夜は病院で過ごすという生活が始まりました。夫の唯一のエネルギー源である高カロリーの点滴を朝十時に取り替えてから、家に帰り、そして、夕方の回診に間に合うよう病院へ戻るのです。毎日、自宅と病院の往復を続けるのは、もうそのころの夫にとっては重労働だっただろうに、病室に閉じ込められているよりはずっと気分は良かったのでしょう。容態も良くなったように感じられました。

高カロリーの点滴は、朝と晩の二回取り替えます。夫には、もう痛みを止める以外の治療はなされていませんでした。そこでとうとう娘が医師の指導のもと、点滴の交換や夫の皮膚に針をさすことまで習い、夜も自宅にいられるようになりました。ストップウォッチを片手に、点滴の一滴一滴が落ちてゆく時間を確認する娘が、頼もしく勇ましく感じられました。

「病院にいてもできることは限られています。なるべく多くの時間を自宅で過ごせるようにしましょう。流動食も考えたのですが、まだ痛みがとれないようなので、このまま点滴を続けましょう」

医師のこの言葉は、夫に残された時間がもう少ないということなのでしょう。治療できない病気。もう良くなることはないのです。

自宅で娘が点滴の針を簡単にさせるよう、胸に小さな器具を埋め込んでもらいました。鎖骨の上、ぽっこりと盛り上がったその円形のなか、娘は夫の生命を支える針をさすのです。点滴は、一日中、ゆっくりゆっくりと夫の体内にエネルギーを注ぎ込みます。今でもはっきりと、あの点滴の一滴が目に浮かんできます。夜になると夫は、孫たちとナイターを楽しんでいました。夫の横にある点滴棒さえなければ、いつもと同じ、幸せな団欒のひとときでした。

初めて弱音のようなことを言ったのは、このころのことでした。激しい腹痛に襲われ、痛み止めの点滴が効いてくると言いました。

「ごめんね。家族がいてくれたから耐える力が湧いたんだ。一人だったらもっと痛がっていたと思うよ。一人で痛みと向き合うと、人生観だとかいろいろなことを考えちゃって」

7

五月二日

朝、大きな椅子に座り、庭を眺め煙草を吸っていると突然涙が……。

「ごめん、馬鹿みたいだね。俺の家だと思うと……」

原稿用紙を一字、一字と埋めてきたその結果を、今、夫は自分の人生に重ね、思い起こしているのだろう。夫の目に映るすべてのものは、夫が一人で築き上げてきたもの。もうすぐそこに、別れがあることを感じているのだろう。もっとわがままを言ってもいいのに、彼はほんとうの気持ちを涙に隠す。心配かけまい、という彼の思いやり。どう言葉をかけていいのか、私にもわからない。

五月三日

午前三時、突然の痛み。娘を起こし、痛み止めを点滴してもらう。薬が効いてくるまで三十分かかる。

六時半に起床し、新聞を読む。痛みの予感がするという。お腹がざわざわして、もうじき痛みが襲ってくる、という感じがわかるのだ。彼の研ぎ澄まされた生きることへの感覚なのか。予感がすると痛み止めを入れる。二十四時間態勢で痛み止めを打ってゆくことになる。

午後一時間かけて、原稿を口述。

「くたばらないぞ、年内に小西政継の本を書くぞ、ビールをぐびぐび飲んでやる」

これまで固辞してきたスポーツライター養成の塾長を引き受けようかな、と言いだしたのは入院する前のことだった。自分が人生を捧げたその仕事を、自分の次の世代に伝えたいと感じ始めていたのだろう。そんな夫の心に、真っ先に浮かんだのが、小西氏だったのだ。

山に向かうときの厳しい姿勢、若い人からも「かっこよかった」と慕われるほど、いつも人を思いやる温かな心を持っていた小西氏。夫は、その人となりに憧れを抱き、自分もそうありたいと思っていたのだろう。取材先で同年代のライターたちと出会う機会も少なくなり、自分の子どもほどの若い人たちと仕事をすることが増えた夫にとって、小西氏はぜひとも書き残しておきたい登山家だったのだ。己れに対する厳しさと、他者への優しさ。今、自分の力でも医学の力でも、その肉体をもうどうすることもできない夫にとって、小西氏は、彼を勇気づける灯台のような存在だったのだろう。

五月八日

衛星放送でメッツの吉井投手の試合を見てから病院へ行く。吐き気止めの薬を点滴に入れるが、吐き気はおさまらない。腸の中のものが、口から溢れ出てくる状態。医師からは、胃に管を通すことを言われる。そうすれば吐き気はおさまるのか。

「小さくないけれど、小さいと思ってしまっていたことが、どれだけ幸せかということに気づいた」

五月十日

食事の支度で台所に立つ私に、一人でベッドから起き上がってきた夫が、ありったけの力を振りしぼり言う。

「お母様、母の日おめでとう。いつもありがとう」

突然の言葉に、背を向け涙をこらえる。夫から優しい言葉をかけられると、すぐに崩れてしまいそうな私。彼の苦しみをただ見ているしかできないつらさ。

「今日も幸せな一日だった。明日もよろしくね」

五月十三日

朝、二回たて続けに嘔吐する。お腹がはって苦しい、自分から病院へ戻ろう、と言う。病院で診察を受け、帰宅する。とうとう明日、胃に管を通すことになった。

「お腹も痛くなくなってきたし、みんなそろっているし、とっても幸せ」

五月十四日

午前一時近くから十回嘔吐する。体力を使い果たし、初めて弱気になる。

「もうだめだ」

病院に戻ると、医師すら、そのやつれかたに驚く。

夕方、胃に管を通す。

「昨日、今日と熱が出るような無理はしてないよね。意気地がないね」

　病院生活に戻る。

五月十六日

　猛烈な喉の渇きに大量に水分をとる。麻酔で朦朧としていたせいか、胃に管を通してもらった安心感からか、その量は驚き呆れてしまうほどの多さ。早朝、わざわざ自分で飲み物を買いにいったそう。病室の冷蔵庫には、見舞いにくる孫のために、夫から用意しておくよう言われた飲み物やお菓子などがたくさんあるというのに。これまでずっとどんなに具合が悪くても、歯を磨き、顔を洗い、髪を整える。朝起きたらパジャマを着替える。そういった当たり前のことを「人間の尊厳」と大切に行なってきた夫だが、食べてはいけない、飲んでもいけない、という生活を続けて約二カ月。どれほど大きな理性の力で、人間本来の欲求を抑え込んできたのか。改めてその理性の力、尊厳の力を見せつけられた思いがする。熱、脱水症状とともによくならない。

五月十八日

肩で息をしているのが気にかかります、と医師。肺に癌が転移しているおそれがあると言われる。これ以上苦しめてほしくないのに。肺を調べてもらうが、転移はなかった。でも、肩は大きく動く。眠っている間も息が荒いのは、痛みと闘っているためとのこと。一日中、苦しみながらもうつらうつらと過ごす。明日締め切りの原稿がある。どうすればよいのか、どうなるのか。苦しそうな寝顔に不安がよぎる。

五月十九日

原稿を口述。昨日まであんなに具合が悪かったのにと驚く。資料を読み、しばらく頭のなかで整理したあと、ひとときも休まず、よどみなく原稿を口述する。やはり一字のオーバーもなく原稿は完成した。夫の口述を隣でワープロに打ち込んでいた娘が、遠慮なしに彼の目の前でグレープフルーツジュースを飲む。その姿を見て、「おいしそうだね」「一口飲んじゃう?」「そうだね、せっかく胃から管もだしてもらったんだし、少しだけ」。

ジュースを飲むと、口からごくっごくっと入ったその横から、胃からの管でどくどくとジュースが出てくる。ああ、ほんとうにもうお別れが近いのだ、と涙が出そうになる。

原稿を書き上げ、ひと眠りした後、元気なころの夫に戻ったかのように、医師と教育問題について長時間話し込む。

帰宅前の恒例のセレモニー、家族全員で手をつなぐ。

「またみんなで海に行くぞ」

五月二十日
昨晩、夜中にゴソゴソ音がするので巡回中の看護婦さんが病室をのぞくと、一人で着替えをすまし、キャップまでかぶり「球場に行く」と言ったそうだ。まだ、仕事がしたいのか。

朝から、大量に出血。腸からの管が、いつもの茶色の腸液ではなく、赤黒く染まっている。夫は、昨日の元気が嘘のように、意識朦朧としている。その間、ただひたすら眠っているかといえば、そうではない。無意識のうちに仕事をしている。海外から電話でラジオの放送に出ていたり、講演会でオリンピックの話をしていたり。その話は、きちんと筋が通っている。とうとうと喋りつづける夫の体力の消耗が心配で声をかけてみる。

「はい以上、佐瀬稔さんのお話でした。ありがとうございました」

するとはにこっと笑い、話すのを止める。

明日朝一番で輸血をすることになる。何も食べずに過ごすこと二カ月。栄養状態が極端に悪くなっている。

午後六時、孫が見舞いに来ると同時に意識が戻る。ボールを投げ合うしぐさをして、久しぶりに孫とのキャッチボールを楽しむ。

五月二十一日
とうとう抑えきれない痛みに襲われ、ベッドの上をのたうちまわる。意識は混濁している。すべてを最後の原稿にはき出してしまったのか、もうただひたすら痛みと闘っている。看護婦さんに言われる。

「どなたかお会いになっておきたい方はいらっしゃいますか」

五月二十三日
午前一時前、そろそろ点滴を取り替える時間だからと、娘とともに看護婦さんを呼ぶ。

「さっきまであんなに息が荒かったのに、こんなに静かに息をしているのは痛みが止まったということなんですか」

娘の言葉に、看護婦さんたちの動きが早まる。一人が当直の先生を呼びに走る。手を握る。ぎゅっと。そしてただじっと見つめる。

「駄目よ、もう一度元気になるのよ」

すると夫は、肩を動かし大きな息を吐いた。それはそれは長い息を吐いて、そして、二度と息を吸い込まなかった。駆けつけた当直医が時計を確認する。

「午前一時十八分、残念ながら……」


今思い返しても、不思議に思います。

死ぬまでの一週間は容態が悪く、とても原稿を書けるような状態ではありませんでした。それが、原稿の締め切りの日だけ急に目をさまし、苦しそうではありましたが、いつものようにスラスラと原稿を書き上げたのです。そして、まるですべての力を出し切ったかのように、翌日から意識をなくしてしまったのです。どうして、あの日だけ夫は目をさましたのでしょう。痛み止めの薬でずっと朦朧としていたのに、どうしてあの日だけ急にいつもの夫に戻ったのでしょう。

彼が最後に残したこの新聞の小さなコラムに、約二カ月間、飲まず食わずで頑張ってきた夫のすべての想いがこめられているのではないでしょうか。

夫が亡くなったのは、その最後の原稿が印刷物として出る日の未明のこと、しかも、その日は孫の運動会の日でした。初めてリレー選手に選ばれた孫のことを「我が家の誉れ」と喜んでいた彼の、この不思議で哀しい偶然を私たち家族は、けっして生涯忘れることはできないでしょう。

「それでも登る　命が輝き放つまで」〈絶筆のコラム〉

世界的に知られたクライマー・小西政継氏にこう聞いたことがある。

「山に入ったら甘ったれちゃいけない。自分の命は自分で面倒をみる。まかり間違っても他人様の世話になろうと考えるようでは山に出かける資格はない」

その小西氏は57歳だった一昨年9月、マナスルから帰ってこなかった。同行した石川富康氏は小西氏より2歳年上だったが、

「小西さんと一緒でなければ下山できない」

と、強硬に言い張る若い仲間たちに、

「この人は必ず自分の面倒をみる。君たち自身の面倒をみろ」

と強く説得し下山した。


石川氏は愛知県刈谷市在住の1936年生まれ。91年、50歳を過ぎてにわかに「8000メートルの神々」への敬慕の思いに火がつき、同じような年頃《ごろ》の仲間を集めシルバータートル隊をつくった。その年、同隊はチョ・オユー登頂に成功。さらに石川氏は94年には愛知学院大学隊のリーダーとして、エベレスト南稜線《りょうせん》から頂上に立ち、エベレスト登頂の日本人最高齢記録をつくった。


96年、マナスルで小西氏を失った後も、ヒマラヤ恋しの夢を見切ってはいない。今回の計画書を送ってきた通信の中に手紙が1枚。その中にこうあった。

「小生は昨年から1年の間に8人もの友人を山で亡くしました。生きていくということは、いろんな人生を乗り越えていくことだと思います。好きなだけでは、山は罪を作るばかりです」

送られてきた計画書とは98年のシルバータートル隊の活動。それはガッシャーブルムⅡ峰登山から始まる。14人の登山隊員を見ると、隊長の日大山岳部OB・池田錦重氏は59歳。60歳代の隊員5名とともに南西稜からガッシャーブルムに挑む。1人分の遠征経費は約50万円で、経費の合計は2500万円。彼らの挑戦は、大金持ちの大臣登山ではない。

同隊は、6月1日パキスタンへ飛び、7月下旬のアタックを予定している。シルバーエイジの隊だからこそ、体力・技術・経験に合わせた登山活動を行うと言っている。

8000メートルを越えた高所は人間の存在を許さない所とされている。

近ごろ、そういう所へ足を踏み込む人は、ザイルで体を結び合うことをしないで登ることが多い。ザイルで体を結び合い2人が一緒に登ると、1人が起こしたミスが2人ともを絶望的な悲劇に巻き込む危険が非常に高い。逆にザイルを結んでいなければ、1人だけでも助かる可能性が存在する。

死ぬか生きるかの時に人の助けを一切頼まない——随分と恐ろしい荒涼とした場所である。それでも、なおかつごく一部の人たちはそういうところに踏み込んでいって、己の命が絶対ぎりぎりのガラスの輝きを放つのを待つ。あるいはまた、危険を避けてひたすら安楽を待ち、中年の過日の楽しみを待つのも人生。何を聞かれても前者を待つとしか答えられない奴《やつ》は、今時不器用な奴と囁《ささや》かれる。

（『毎日新聞』一九九八年五月二十三日夕刊）

初出誌一覧

第一章　グランド・ジョラス北壁の生と死　『山と溪谷』一九八〇年九月号
第二章　エベレストの雪煙に消えた山の貴公子　『ポカラ』一九九六年秋・冬号
第三章　時代を超えた冒険家　『山と溪谷』一九九五年七月号
第四章　雪崩に埋没した雪男への夢　『ポカラ』一九九七年春・夏号
第五章　運命のウルタル2峰　『山と溪谷』一九九三年十一月号
第六章　風雪に砕かれたビジネス・キャリアの夢　『ポカラ』一九九七年冬・春号
第七章　死の山・いのちの山「ウルタル」『山と溪谷』一九九六年十月号
第八章　限りない優しさの代償　『山と溪谷』一九九六年二月号

解説——三大北壁をめぐるクライマー

長谷川昌美

「ハセツネ」とウルタル

年々、その知名度が高まり、エントリーそのものが難しくなってきている「日本山岳耐久レース　長谷川恒男カップ」（社団法人東京都山岳連盟主催）。奥多摩七一キロの山域を二十四時間以内で駆け抜けるこの大会も今年で第十八回を数え、十月十日、十一日の両日開催された。私は第一回より大会名誉顧問として関わってきたが、亡夫・長谷川恒男が存命ならこの大会が企画実行されていたにしても、その名前が冠されるはずもなかっただろう。

一九九一年十月十日、パキスタン・フンザにある未踏のウルタル峰で長谷川が雪崩によって亡くなってから二〇一一年の十月十日でまる二十年。遺体の第一発見者であり、副隊長として登山隊に同行していた私は、夫の亡骸《なきがら》をウルタル峰のベースキャンプ三三〇〇メートル付近に埋葬した。それから二年後、私の墓参に、佐瀬稔さんが同行してくださった。『長谷川恒男　虚空の登攀者』執筆の取材でだった。旅の間、夫の姪や歳下の友人たちに年長の佐瀬さんは温かな気遣いをしてくださり、道中、笑いが絶えなかった。その佐瀬さんが病魔と闘い、お亡くなりになってはや十二年が経つ。

ウルタルの麓の村カリマバードには、現在、夫の遺志である「ハセガワメモリアル・パブリックスクール」というカレッジまでを併設する英語による男女共学の私学校を創設した。またその教育事業によるパキスタンへの貢献で、三年前にはムシャラフ大統領から私は「奉仕の星」という勲章をいただいた。ウルタル峰は、本書第七章に登場する日本山岳会東海支部の山崎彰人、松岡清司両名によって一九九六年夏に初登頂されたが、ウルタルは「ハセガワの山」としていまだに村人の記憶に鮮明であり、フンザで夫は伝説の人と化した。そのため私自身、夫の墓を日本に作ろうなどとは考えもおよばなかった。しかし、である。登山でなく、山岳地帯を走り抜けるトレイルランの世界で、長谷川恒男を知らない「ハセツネ世代」が増えてきたことが私の気持ちを大きく変化させた。夫が創設した山岳会ウータンクラブの仲間や私自身の加齢も要因のひとつかもしれない。来年十月の死後二十周年をひとつの区切りとして、国内のどこかに記念碑、モニュメントを作ってもいいのではないか？ そうした声があがってきたとき、迷わず設置場所はハセツネコース上にと思い、第三関門の長尾平、青梅の御嶽神社の境内地に石碑を設置する許可をいただいた。

また私は、夫がヨーロッパ・アルプス三大北壁を冬季に単独登攀したあとに知り合い、結婚したため、その後のアコンカグアやヒマラヤへは何度も同行したが、ヨーロッパ・アルプスへはなかなか出かける機会がなかった。二十周年を前に、三大北壁を間近で見てみたい。そんな思いでいたとき、社団法人日本アルパインガイド協会の遠藤晴行さんからヨーロッパ行きのお誘いを受けた。八月下旬からの半月ほどの旅だった。協会ガイドの廣川健太郎、福田かおり、三苫育さんたちもENSA（フランス国立スキー登山学校）の特別プログラムで氷河や岩壁レスキュー技術を研修中、シャモニでご一緒した。私の北壁見学には、八ヶ岳の赤岳鉱泉四代目となる若い柳沢太貴さんが同行してくれた。帰国直前、まさにグランド・ジョラスのレショ小屋まで行けるかどうか、シャモニで天気とにらめっこしている矢先、東京から私の携帯メールに本書の原稿執筆依頼が飛び込んだ。

マッターホルン北壁・アイガー北壁

ツェルマットまでは車の乗り入れが許されていない。そのため約五キロ手前のテッシュで駐車し、ツェルマットまで電車で入る。翌朝、ケーブルでシュワルツゼー・パラダイスへ、そこから徒歩でヘルンリ小屋を目指した。

一九七八年夏、加藤保男さんの兄・滝男さんはこのヘルンリ小屋で森田勝さんと会う。このとき滝男さんは森田さんから、翌年冬、映画『北壁に舞う』の映像スタッフとグランド・ジョラスへ行く長谷川への辛辣な批判を耳にする。人が誰かを酷評するときは、相手の事を熟知しているか否かでまったく変わってくる。先輩の森田さんに長谷川はつねに敬意を払っていた。ふたりの対立を面白おかしく書き立てるマスメディアの演出は、ふたりの意図するものとかなりかけ離れたものであったと、私は長谷川から聞いている。

加藤保男さんは、一九七二年に大倉大八さんたちとマッターホルン北壁を登り、三大北壁に終止符を打つ。翌年、第二次RCCエベレスト登山隊で登頂。長谷川は保男さんと石黒久さんの下山をサポートした。これが契機となって、長谷川は単独登攀を志向するようになる。両足指を失った保男さんは、後に石黒さんとふたりで再びマッターホルンを登っている。

外資系航空貨物会社勤務のＯＬ難波康子さんも中島政男さんのガイドでマッターホルンを登った。彼女はニュージーランドのロブ・ホールが主宰する国際公募隊でエベレストを登頂、田部井淳子さん以来、日本人女性としては第二登だったが、下山中八〇〇〇メートル付近で亡くなった。この経緯はジョン・クラカワーの著書『空へ』にも詳しく描かれている。

グリンデルワルトの近くグルントに駐車してクライネ・シャイデックまで登山電車に乗ると、アイガー北壁が眼前に立ち塞がるように現われてきた。ヨーロッパ「最後の難所」と言われ、ナチスドイツの政権下、ロープにぶら下がり亡くなった伝説の登山家トニー・クルツの壮絶な死が、今春観たドイツ映画『アイガー北壁』と重なって蘇ってきた。陽の当たらないこの壁を、加藤保男さんは兄・滝男さんを隊長に今井通子さんたちＪＥＣＣの仲間六人とともに直登した。当時二十歳。そのあと八年後の冬、長谷川は一週間かけて単独で登った。

グランド・ジョラス北壁

シャモニは数日雨模様。帰国前に、グランド・ジョラス北壁の見えるレショ小屋まで登りたい、長谷川の足跡をたどった私の三大北壁ツアー、柳沢太貴さんとの親子のような珍道中も終盤だった。ツーリスト・インフォメーションで向こう五日間の天気予報を確認、帰国直前、レショ小屋まで上がることにした。シャモニからモンタンベールまで登山電車、そこから、岩場に垂直にかかるはしご段を連続して下り、メールドグラス（氷の海）へ下り立つ。モレーンや氷河上を歩き、再びスチール製のはしご段を登り返し小屋に到着した。

レショ小屋は無人の避難小屋だと錯覚していた。たしかに冬は無人だが、夏場の六月中旬から九月中旬の三カ月は、管理人常駐、夕食・朝食付きの山小屋となる。しかし十人ほどしか泊まれないため、シャモニから小屋へ携帯で電話予約し、午後の二時くらいに小屋に入った。宿泊客は私たち二人だけ、他は月曜から金曜まで三カ月入っていた三人の工事関係者（入下山はヘリ）と管理人のナディアさんだけだ。お酒もあるし、スープに始まりデザートのチョコレートケーキまでの夕食には感動した。あと一週間で小屋じまいだという。

エギーユ・デュ・ミディはガスに覆われ、レショ小屋とグランド・ジョラス上空だけが晴れている。しかし、それも束の間、やがて雨がみぞれに変わり雪になった。翌朝は快晴、早朝には星も見えたし、北壁に朝陽が差し込むとウォーカー側稜がくっきりと見えた。

一九七〇年暮れ、小西政継さんや植村直己さんら六人のパーティがウォーカー側稜に挑み、一月一日登頂した。日本人初の冬季登攀だった。小西さんは十一日間の登攀で両足指すべてを失った。植村さんは日本山岳会エベレスト隊後、一度マッキンリーを登ったあとの参加だった。七九年二月、森田勝さんは長谷川より一週間早く、ウォーカー側稜に取り付き、レビュファ・クラックで転落した。二日後に救助されシャモニの病院へ。そして一年後、再び挑み、三角雪田直下で帰らぬ人となった。

第一章・森田勝、第二章・加藤保男、第三章・植村直己、第五章・長谷川恒男、第六章・難波康子、第八章・小西政継と、各人各様に関わった三大北壁だけをここに抽出したが、北壁は時を経てもその屹然と聳える美しさに変わりはなく、攀って、生きて、逝った多くの人々の声なき声が私の心奥深くに響いてくるようだった。それにしても今回、わずかな滞在日数で三大北壁がパーフェクトに望めた、というのは幸運というほかない。

第四章の鈴木紀夫さんは世界を放浪したあと、フィリピン・ルバング島で小野田寛郎さんと接触、帰国に尽力し、その後、雪男イエティ捜しに命を賭した人である。その遺志を汲んだイエティ捜しの遠征隊には、私の知人が数多く参加している。

＊

終章は佐瀬夫人・禮さんが闘病の日々を綴っておられる。佐瀬さんが報知新聞の文化部長を経て退社、フリーランスとなった年と、長谷川が単独を目指す契機になったエベレストとがまさに同じ一九七三年。佐瀬さんはいわゆる「ヤマ屋」ではないが、彼ほど山を、あるいは登山家を愛情込めて丹念に執筆したライターは他にいなかった。

ジャーナリストとしての軽快なフットワークと緻密な取材とで、この慧眼《けいがん》の士は、茫洋たる登山界をみごとに交通整理し、ここに登場する八章各人の登山観、また生きた証を、インタビューや記録をもとにいきいきと再現された。狭い登山世界を刺激的に膨張させ、かつプロフェッショナルな矜持に裏打ちされたケレン味のない文章による起爆剤こそが、もしかしたら今の登山界にはもっとも必要なのではないかと思えてならない。

一九九七年暮れ、発病。癌という「難壁」で孤独に耐え、それでも強靭な精神を保ち、最期の最期まで病床で口述筆記される姿は痛ましい。しかし、ペンをピッケルにと置き換えるなら、佐瀬さんもまた、本書に登場するアルピニストや冒険家と同様、懸命に命の灯を燃やしながら己の山を登り続けた。二十世紀の最終章をみごとに生き抜き、未来という危うく甘美な夢を追い求めた同志であった。

（アルパインガイド長谷川事務所代表）

佐瀬 稔――著作一覧

一九七五年『炎の男輪島功一――肉体を信じた男の記録』(講談社)
七六年『小説丸紅』(二見書房、サラ・ブックス)
七七年『リングサイドでうたを聞いた――感情的ボクシング論』(ベースボールマガジン社)
＊『ボクシングマガジン』連載(のち『ワールド・ボクシング』)の人気エッセイ。
感情的ボクシング論の第一集成。
『生命保険ウソの部分』(KKベストセラーズ、ワニの本)
＊保険金がもらえない落とし穴を描く。
七八年『ニッポン公務員事情』(日本実業出版社)
『日本人ここにあり』(講談社)
＊外国で活躍している日本人の人物ドキュメント。
『北海道の11日戦争――自衛隊vsソ連極東軍』(講談社)
七九年『中ソ戦争勃発す――第三次世界大戦・アジア編』(二見書房)
『スーパー・スター――アメリカ・スポーツの栄光と陰影』(講談社)
＊モハメッド・アリ、ジャック・ニクラウスなどに現地インタビュー。
『反逆の経営者――サラリーマン経営への反証』(プレジデント社)
八〇年『ドキュメント現代の教師――そのありのままの姿』(こう書房、こう選書)

『自衛隊の三十年戦争』（講談社）
＊自衛隊の虚像と実像。ルポルタージュ。
『狼は帰らず――アルピニスト森田勝の生と死』（山と溪谷社、山溪ノンフィクションブックス）
八一年『実録　大統領を撃て！』（講談社）
＊アメリカの暗殺の歴史。
八二年『喪われた岩壁――第2次ＲＣＣの青春群像』（山と溪谷社、山溪ノンフィクションブックス）
＊ロッククライミングに賭けた若者たちを描く。
『白き舞――ナディア・コマネチ・パーフェクト真説』（訳書、ナディア・コマネチ著、講談社）
八三年『七万人のマネー・ウォーズ――日本生命の秘密』（講談社）
＊生命保険は本当にトクか。新書。
『天皇と背番号3――長島が神話になった日』（祥伝社、ノン・ノベル）
＊長編スポーツ・ノンフィクション。
八四年『オリンピック』（共著、ぱる出版）
＊ロス大会が10倍楽しめるガイド。「宗兄弟のドリーミーな走り」所収。
『検死官　Ｄｒ刑事トーマス野口』（訳書、トーマス野口、ジョセフ・ディモーナ著、

講談社）
『官僚たちの八月十五日』（世界文化社、ビッグマン・ブックス）
＊開戦・終戦前夜の秘話。吉田茂、池田勇人など。
『金属バット殺人事件』（草思社）
＊日本推理作家協会賞（評論その他部門）受賞。
八五年　『挑戦――闘う男たちの軌跡』（東急エージェンシー出版）
＊中内功、本田宗一郎ほかの人物ノンフィクション。
八六年　『官僚たちの八月十五日』（文庫、旺文社）　＊同名書の文庫化。
『挫折と栄光――ボクサー浜田剛史の生き方』（二見書房）
八七年　『叩きのめされても立ち上がるのが男のルールだ』（KKベストセラーズ）
＊スポーツ人物ノンフィクション。江川卓ほか。
八八年　『天皇と長島茂雄』（文庫、祥伝社）　＊『天皇と背番号3』の文庫化。改題。
『大塚正士の一日一得』（ロングセラーズ社）
＊大正製薬を築いた男の人生観、社是。
『金属バット殺人事件』（文庫、講談社）　＊同名書の文庫化。
八九年　『ニッセイが動く――生保界の巨人は何を目指すのか』（プレジデント社）
『男たちの神話』（悠飛社）
＊スポーツ人物ノンフィクション。マイク・タイソン、長島一茂など。

九〇年『ヒマラヤを駆け抜けた男――山田昇の青春譜』（東京新聞出版局）
*ミズノ・スポーツライター賞受賞。
『うちの子が、なぜ！――女子高生コンクリート詰め殺人事件』（草思社）
『土地の魔術――地価高騰の舞台裏を検証する』（共著、文藝春秋）
九一年『本田宗一郎の人の心を買う術（すべ）』（共著、プレジデント社）
九二年『いじめられて、さようなら』（草思社）
*福島県いわき市の中学生いじめ自殺事件のルポルタージュ。
『彼らの誇りと勇気について――感情的ボクシング論』（世界文化社）
*感情的ボクシング論の第二集成。
『バチ当たり日本はどこへ行くか――沈みゆく国への警鐘』（共著、東急エージェンシー出版）
九四年『長谷川恒男　虚空の登攀者』（山と溪谷社）
九五年『敗れてもなお――感情的ボクシング論』（世界文化社）
*感情的ボクシング論の第三集成。
『Ｄｒ検死官』（文庫、講談社）*『検死官　Ｄｒ刑事トーマス野口』の文庫化、改題。
『大地震　生と死』（草思社）
*阪神大震災の全体像をとらえるノンフィクション。
九六年『祖国よ！――佐瀬稔の昭和事件史』（悠飛社）

＊よど号事件、ホテル・ニュージャパン火災などのノンフィクション作品集。
『アメリカン・ドリーム　日本人の伝説――海の向こうの高い山へ』（ＫＫベストセラーズ）
＊アメリカへ渡ったスポーツ選手の評伝。野茂英雄、江夏豊など。
『オリンピック――ヒーローたちの眠れない夜』（世界文化社）
九七年　『戦後日本を読む　金属バット殺人事件』（読売新聞社）
＊佐高信監修・解説「戦後日本を読むシリーズ」に同名書を収める。
『すばらしきアメリカ野球――野球をこよなく愛する男たちが語る』（共著、ＫＫベストセラーズ）
『ヒマラヤを駆け抜けた男』（文庫、中央公論社）　＊同名書の文庫化。
『給食が危ない！――Ｏ１５７の恐怖』（プレジデント社）
九八年　『長谷川恒男　虚空の登攀者』（文庫、中央公論社）　＊同名書の文庫化。
九九年　『残された山靴』（山と溪谷社）　＊遺稿集。

以上51冊

残された山靴

二〇一〇年十一月十五日　初版第一刷発行
二〇一一年十一月十日　初版第三刷発行

著　者　佐瀬　稔

発行人　川崎深雪
発行所　株式会社　山と溪谷社
郵便番号　一〇二－〇〇七五
東京都千代田区三番町二〇番地
http://www.yamakei.co.jp/
■ご購入と商品に関する問合せ先
山と溪谷社カスタマーセンター
電話　〇三－五二七五－九〇六四
ファクス　〇三－五二七五－二四四三
■書店・取次様の問合せ先
山と溪谷社受注センター
電話　〇三－五二一三－六二七六
ファクス　〇三－五二一三－六〇九五

デザイン　岡本一宣デザイン事務所
印刷・製本　大日本印刷株式会社
定価はカバーに表示してあります

Printed in Japan ISBN978-4-635-04723-4

ヤマケイ文庫

既刊

加藤文太郎 新編 **単独行**
「孤高の単独行者」加藤文太郎の山への思いが結実した不朽の名著

松濤 明 新編 **風雪のビヴァーク**
槍ヶ岳・北鎌尾根に消えた希代のアルピニストの足跡。珠玉の紀行とエッセイを再編集

松田宏也 **ミニヤコンカ奇跡の生還**
7556メートルの高峰に一人、苦闘19日。山岳遭難史上、最も酷烈な生還の記録

山野井泰史 **垂直の記憶** 岩と雪の7章
『凍』のモデルとなった先鋭登山家、ヒマラヤの大岩壁にかけた半生を綴る

佐瀬 稔 **残された山靴**
志半ばで山に逝った登山家8人の最期を描いた渾身のレクイエム。著者最後の作品

小林尚礼 **梅里雪山** 十七人の友を探して
中国・雲南省の高峰に消えた仲間たち。遺体捜索を通して知った「聖なる山」の真の姿

ラインホルト・メスナー **ナンガ・パルバート単独行**
ヒマラヤ登山の常識を覆す8000m峰完全単独登攀。生と死を見据えた精神の記録

藤原咲子 **父への恋文** 新田次郎の娘に生まれて
没後20年——。初めて綴られたベストセラー作家・新田次郎の素顔と家族の群像

既刊

米田一彦 **山でクマに会う方法**
ツキノワグマを40年にわたって調査し続けた〝クマ追い〟だけが知るクマの真の姿

深田久弥 **わが愛する山々**
溢れ出る山への愛情と山行の喜び。『日本百名山』の背景となる深田山岳紀行文学の傑作を復刊

ガストン・レビュファ **星と嵐** 6つの北壁登行
「山の詩人」が残した登攀紀行。山岳ガイドの誇り、友情、アルプスへの愛情を詩情豊かに歌い上げる

羽根田 治 **空飛ぶ山岳救助隊**
ヘリコプター遭難救助を確立し、多くの命を救いながら、自ら救助に殉じた篠原秋彦の奮闘を描く

不破哲三 **私の南アルプス**
甲斐駒ヶ岳から聖岳まで、10年間にわたる南アルプス巡礼を綴った、元日本共産党委員長の紀行集

大倉崇裕 **生還** 山岳捜査官・釜谷亮二
山岳遭難の真実を突き止める「山の鑑識係」山岳捜査官を主人公とした山岳短編小説傑作集

堀 公俊 **日本の分水嶺**
北海道宗谷岬から鹿児島県佐多岬まで、日本列島を縦断する大分水嶺6000キロの地図の旅